Descobrir Jogos Online Grátis

Disponível Aqui:

BestActivityBooks.com/FREEGAMES

5 DICAS PARA COMEÇAR

1) CÓMO RESOLVER LAS SOPA DE LETRAS

Os puzzles têm um formato clássico:

- As palavras estão escondidas sem espaços ou hífenes,...
- Orientação: As palavras podem ser escritas para a frente, para trás, para cima, para baixo ou na diagonal (podem ser invertidas).
- As palavras podem sobrepor-se ou intersectar-se.

2) APRENDIZAGEM ACTIVA

Ao lado de cada palavra há um espaço para anotar a tradução. Para encorajar a aprendizagem activa, um **DICIONÁRIO** no final desta edição permitir-lhe-á verificar e expandir os seus conhecimentos. Procure e anote as traduções, encontre-as no puzzle e adicione-as ao seu vocabulário!

3) MARCAR AS PALAVRAS

Pode inventar o seu próprio sistema de marcação - talvez já use um? Pode também, por exemplo, marcar palavras difíceis de encontrar com uma cruz, palavras favoritas com uma estrela, palavras novas com um triângulo, palavras raras com um diamante, e assim por diante.

4) ESTRUTURANDO A APRENDIZAGEM

Esta edição oferece um **CADERNO DE NOTAS** prático no final do livro. Nas férias, em viagem ou em casa, pode facilmente organizar os seus novos conhecimentos sem a necessidade de um segundo caderno!

5) JÁ TERMINOU TODAS AS GRELHAS?

Nas últimas páginas deste livro, na secção **DESAFIO FINAL**, encontrará um jogo gratuito!

Rápido e fácil! Consulte a nossa colecção de livros de actividades para o seu próximo momento de diversão e **aprendizagem**, a apenas um clique de distância!

Encontre o seu próximo desafio em:

BestActivityBooks.com/MeuProximoLivro

Aos vossos lugares, preparem-se...Vão!

Sabia que existem cerca de 7.000 línguas diferentes no mundo? As palavras são preciosas.

Adoramos línguas e temos trabalhado arduamente para criar livros da mais alta qualidade para si. Os nossos ingredientes?

Uma selecção de tópicos adequados à aprendizagem, três boas porções de entretenimento, e depois acrescentamos uma colherada de palavras difíceis e uma pitada de palavras raras. Servimo-los com amor e máximo divertimento, para que possa resolver os melhores jogos de palavras e se divirta a aprender!

A sua opinião é essencial. Pode participar activamente no sucesso deste livro, deixando-nos um comentário. Gostaríamos de saber o que mais lhe agradou nesta edição.

Aqui está um link rápido para a sua página de encomendas:

BestBooksActivity.com/Avaliacoes50

Obrigado pela vossa ajuda e divirtam-se!

A Equipa Inteira

1 - Dirigindo

```
P M O T O R S Y K K E L A T L
C O S U M H V L Y O M Z Z R I
F C L E N N U T Z S H P E A S
C L Q I O Z L E S N E R B N E
C L R E T A G H E T R L H S N
Q E W V R I Q R P R G T I P S
J J B R E M S E R A U D F O V
F S W A G Z S K F F U Z T R K
L A Q Z N G A K G I Y Y K T Q
U R R T E H G I T K I S R O F
G A N E J K Y S K K K Z U X D
H G N D G U L Y K K E A H U K
B U Z P T A B M N B S Q R W K
R Z F M O T Z W T I E I V T Z
W Y Q G F L B T G L M O T O R
```

ULYKKE   MOTORSYKKEL
BIL   MOTOR
BRENSEL   FOTGJENGER
FORSIKTIGHET   FARE
VEI   POLITI
BREMSER   GATE
GARASJE   SIKKERHET
GASS   TRANSPORT
LISENS   TRAFIKK
KART   TUNNEL

2 - Antiguidades

```
I  C  F  A  K  U  V  A  N  L  I  G  N  S  F
G  N  I  R  E  R  U  A  T  S  E  R  N  K  W
E  N  V  D  E  K  O  R  A  T  I  V  G  U  H
T  L  E  E  E  N  T  U  S  I  A  S  T  L  M
L  O  E  K  S  I  T  N  E  T  U  A  Z  P  R
Q  J  Q  G  U  T  M  Y  N  T  E  R  A  T  Q
C  N  M  Y  A  S  E  I  N  O  J  S  K  U  A
J  K  G  S  Z  N  V  R  S  Y  Q  N  M  R  M
I  N  V  A  E  U  T  E  I  S  A  M  L  E  R
Q  E  M  A  X  K  L  N  R  N  A  Y  K  L  L
D  S  I  Y  L  W  P  S  P  Q  G  F  A  X  V
A  H  J  P  I  I  R  E  L  L  A  G  B  V  U
R  Y  D  J  T  W  T  V  E  R  D  I  A  T  N
V  U  U  F  S  H  R  E  L  B  Ø  M  P  S  M
Å  R  H  U  N  D  R  E  T  G  A  M  M  E  L
```

KUNST	INVESTERING
AUTENTISK	AUKSJON
SAMLER	MØBLER
DEKORATIV	MYNTER
ELEGANT	PRIS
ENTUSIAST	KVALITET
SKULPTUR	RESTAURERING
STIL	ÅRHUNDRE
GALLERI	VERDI
UVANLIG	GAMMEL

3 - Churrascos

```
L Q T K U R F K C S I T X M R
E F Q I Y A H J N R W L V I M
D V V O C L Z U B I X W L D X
D A O G J B L D N Y V R R D Q
U N O J S A T I V N I E Z A F
N B A S D S A P N N V T R G I
H O D N P V P N E G S A E C Z
Z F A U J N L I M I Y L P M G
H K P L S U L T L R J A P U R
T O M A T E R M T L A S E S I
F A M I L I E R B A R N P I L
S O M M E R L A S A U S F K L
K L N Z P D N V X C O C N K E
P W F X F J W W N X L Q U E S
G R Ø N N S A K E R B K V C U
```

LUNSJ
INVITASJON
BARN
KNIVER
FAMILIE
SULT
KYLLING
FRUKT
GRILLE
MIDDAG

SPILL
GRØNNSAKER
SAUS
MUSIKK
PEPPER
VARMT
SALT
SALATER
TOMATER
SOMMER

4 - Pesca

```
K  O  K  K  O  H  I  P  V  H  T  Z  F  S  L
U  T  J  A  V  A  G  N  C  Z  K  E  I  T  E
T  Å  W  V  E  V  E  L  N  C  L  G  N  R  D
S  L  Q  E  R  L  D  C  Y  S  Q  A  N  A  N
T  M  X  K  D  E  W  I  I  A  J  X  E  N  I
Y  O  G  T  R  A  G  N  F  F  X  Ø  N  D  N
R  D  F  D  I  T  S  R  Å  B  Å  T  E  J  G
G  I  U  W  V  G  J  E  L  L  E  R  X  V  G
Z  G  B  Q  E  R  N  R  M  R  K  R  O  K  C
L  H  R  F  L  N  U  I  D  P  R  V  W  B  X
G  E  N  S  S  R  L  K  K  F  Y  Y  X  G  Z
N  T  Q  Q  E  V  E  J  K  V  I  S  D  Q  B
U  M  Z  W  E  A  J  T  H  W  S  A  C  M  A
S  T  R  O  N  N  B  F  R  U  A  B  A  M  L
V  M  L  H  Y  N  E  L  T  F  R  R  C  H  N
```

VANN	AGN
FINNENE	INNSJØ
BÅT	KJEVE
GJELLER	HAV
KURV	TÅLMODIGHET
KOKK	VEKT
UTSTYR	STRAND
OVERDRIVELSE	ELV
LEDNING	ÅRSTID
KROK	

5 - Geologia

```
S  G  S  L  A  V  A  G  F  B  N  J  K  Z  Y
T  J  K  Y  K  C  G  L  C  O  S  J  N  W  N
A  V  F  K  R  O  V  A  R  F  S  T  M  L  H
L  P  Q  C  E  E  L  G  Y  F  Z  S  U  H  Z
A  L  A  E  L  U  H  H  S  A  E  M  I  L  V
K  A  S  I  A  V  F  N  T  K  B  P  S  L  D
T  T  O  T  R  L  U  T  A  I  S  I  L  A  T
I  Å  N  A  E  U  C  L  L  O  A  E  A  R  K
T  M  E  V  N  S  K  S  K  V  L  R  K  O  T
T  U  R  D  I  P  N  J  T  A  T  A  H  K  H
P  I  X  U  M  T  G  E  V  D  N  I  E  T  S
H  Z  U  J  O  R  D  S  K  J  E  L  V  B  P
C  Z  Z  T  F  K  O  N  T  I  N  E  N  T  K
S  T  A  L  A  G  M  I  T  T  E  R  A  E  F
E  R  O  S  J  O  N  K  V  A  R  T  S  F  F
```

SYRE	FOSSILT
LAG	LAVA
HULE	MINERALER
KALSIUM	STEIN
KONTINENT	PLATÅ
KORALL	KVARTS
CRYSTAL	SALT
EROSJON	JORDSKJELV
STALAKTITT	VULKAN
STALAGMITTER	SONE

6 - Tempo

```
D  M  I  D  D  A  G  S  T  I  D  S  F  Y  Q
I  A  Q  U  O  D  L  D  U  K  E  I  R  Ø  F
U  B  G  Q  N  H  A  X  O  A  V  D  E  P  U
I  D  A  G  R  G  V  N  T  E  D  B  M  V  O
C  K  S  B  U  K  W  V  T  T  A  N  T  G  Å
B  O  Å  J  J  J  U  T  T  I  H  N  I  N  R
C  B  R  Å  G  I  A  H  U  I  Å  O  D  H  H
S  N  E  K  K  O  L  K  N  G  R  R  W  H  U
F  Z  D  T  I  M  E  K  I  Å  R  L  I  G  N
F  P  N  X  P  V  L  I  M  A  W  I  B  A  D
L  D  E  N  Å  M  F  L  G  F  W  O  V  P  R
X  A  L  E  Å  S  G  B  Z  M  H  L  J  Z  E
O  C  A  E  Q  V  R  E  V  V  V  U  C  O  X
Y  I  K  T  Q  V  U  Y  G  U  J  I  B  X  N
M  O  R  G  E  N  U  Ø  D  G  Q  I  G  E  E
```

NÅ	MORGEN
ÅR	MIDDAGSTID
FØR	MÅNED
ÅRLIG	MINUTT
KALENDER	ØYEBLIKK
TIÅR	NATT
DAG	I GÅR
FREMTID	KLOKKE
I DAG	UKE
TIME	ÅRHUNDRE

7 - Astronomia

```
S  V  V  I  R  Q  G  N  I  L  Å  R  T  S  J
T  D  T  T  R  B  D  J  X  R  B  A  U  U  V
X  N  Y  Y  X  O  H  M  O  X  W  L  A  P  P
A  S  T  E  R  O  I  D  E  R  A  O  N  E  L
G  O  T  S  S  X  N  E  I  M  D  S  O  R  A
A  M  Y  L  U  T  W  I  R  A  C  M  R  N  N
S  S  N  E  N  X  J  L  U  S  G  E  T  O  E
T  O  G  K  I  X  F  E  J  Q  J  T  S  V  T
R  K  D  R  V  X  O  M  R  V  E  E  A  A  A
O  N  E  Ø  E  H  Y  M  J  N  O  O  I  N  U
N  H  K  M  R  B  Y  I  D  Q  E  R  U  B  L
O  X  R  R  S  Z  V  H  B  T  Q  T  V  J  L
M  H  A  O  R  E  M  Å  N  E  K  X  Å  F  F
U  W  F  F  R  A  K  E  T  T  B  Z  T  K  G
R  I  T  L  O  D  F  K  A  D  I  X  I  Q  E
```

ASTEROIDE	MÅNE
ASTRONAUT	METEOR
ASTRONOM	STJERNETÅKE
HIMMEL	PLANET
KOSMOS	STRÅLING
FORMØRKELSE	SOLAR
EQUINOX	SUPERNOVA
RAKETT	JORD
TYNGDEKRAFT	UNIVERS

8 - Acampamento

```
J  I  Y  K  B  B  M  T  S  U  O  C  B  K  C
Y  Q  N  H  M  C  S  N  K  T  A  J  J  O  R
X  L  G  S  A  N  J  Y  O  S  H  T  G  M  P
Y  L  J  L  A  K  D  S  G  T  G  K  R  P  C
H  E  N  G  E  K  Ø  Y  E  Y  M  A  I  A  U
H  J  I  E  X  S  N  M  Y  R  Y  J  N  S  A
O  F  W  N  A  R  B  B  Z  K  L  S  S  T
T  E  L  T  N  B  X  H  M  Q  A  J  E  C  Z
W  K  U  H  C  S  U  A  Y  W  R  N  K  S  V
I  Z  N  I  J  R  J  D  T  T  T  T  A  H
L  S  M  I  J  Z  T  Ø  R  U  T  A  N  R  G
K  A  N  O  Q  H  I  N  Æ  D  H  E  S  E  Y
Y  Q  D  M  Å  N  E  K  R  Y  T  N  E  V  E
T  Y  Y  K  N  R  D  J  B  U  S  I  Q  N  I
O  L  R  Q  C  Y  G  Y  P  I  H  E  E  B  L
```

DYR	SKOG
EVENTYR	BRANN
TRÆR	INSEKT
KOMPASS	INNSJØ
HYTTE	MÅNE
JAKT	HENGEKØYE
KANO	KART
HATT	FJELL
TAU	NATUR
UTSTYR	TELT

9 - Ficção Científica

```
Y  I  H  O  H  F  T  H  B  D  Y  K  X  D  H
R  N  K  F  Y  J  M  E  R  T  S  K  E  Y  N
I  P  G  N  X  E  L  D  K  N  R  L  R  S  O
B  C  O  T  A  R  K  S  A  N  Z  V  P  T  J
V  V  C  V  L  N  T  G  T  S  O  Y  J  O  S
J  E  O  R  A  K  E  L  U  R  E  L  K  P  U
Y  U  R  C  G  I  N  N  B  I  L  T  O  I  L
E  T  K  D  J  N  A  K  B  R  A  N  N  G  L
P  O  J  A  E  T  L  A  S  J  R  Y  I  O  I
A  P  A  P  H  N  P  D  V  I  U  R  K  Q  V
T  I  A  M  B  Ø  K  E  R  E  T  O  B  O  R
O  F  A  N  T  A  S  T  I  S  K  S  T  B  S
M  F  U  T  U  R  I  S  T  I  S  K  Y  B  X
A  H  E  K  S  P  L  O  S  J  O  N  V  M  Q
Y  Y  H  C  S  Q  S  V  V  I  F  L  O  T  J
```

ATOM   ILLUSJON
KINO   INNBILT
FJERN   BØKER
DYSTOPI   MYSTISK
EKSPLOSJON   VERDEN
EKSTREM   ORAKEL
FANTASTISK   PLANET
BRANN   ROBOTER
FUTURISTISK   TEKNOLOGI
GALAXY   UTOPI

10 - Mitologia

```
J O K S I G A M M U C U H U L
I Y P H T S G R L P T J E D A
K J D P N Y F T K Q M M V Ø B
R O I X F B R U T L U K N D Y
I I S M B Ø A K Y Q D X S E R
G R E E Y S R D E C M E J L I
E E H D F C X S O D O A A I N
R H E N N I T L E H N R L G T
P U K E H X A R S L S K U H D
S L E G I E N A L I T E S E Ø
U L H E C C L X E K E T I T D
I U S L D L K T P T R Y E S E
S K A P N I N G A B J P G A L
T O R D E N Y L K J N E M J I
Z D R E F O R T S A T A K Q G
```

ARKETYPE
SJALUSI
OPPFØRSEL
SKAPELSE
SKAPNING
KULTUR
KATASTROFE
STYRKE
KRIGER
HELTINNE

HELT
UDØDELIGHET
LABYRINT
LEGENDE
MAGISK
MONSTER
DØDELIG
LYN
TORDEN
HEVN

11 - Medições

```
W  D  K  C  E  K  D  D  Y  B  D  E  S  N  U
W  L  N  N  B  I  E  I  U  M  E  C  E  E  U
Y  M  Y  Q  R  L  S  W  I  P  K  C  O  R  L
H  K  I  O  E  O  I  D  G  R  A  M  I  E  T
C  Ø  P  W  D  M  M  B  R  E  G  V  B  B  S
R  V  Y  D  D  E  A  A  T  R  R  E  N  Q
R  A  L  D  E  T  L  G  O  I  E  Z  A  M  V
U  M  E  A  E  E  K  J  K  L  K  T  W  D  R
Y  F  N  G  S  R  E  T  E  M  I  T  N  E  C
O  P  G  R  S  J  M  U  L  O  V  L  N  K  T
V  E  D  R  A  S  E  L  X  P  B  O  O  I  V
O  E  E  S  M  T  T  M  I  N  U  T  T  L  A
G  C  K  R  N  B  E  H  B  T  R  X  I  O  A
N  U  H  T  O  B  R  Z  X  F  B  Y  T  E  Q
T  O  M  M  E  K  U  V  B  I  O  T  N  Q  G
```

HØYDE	METER
BYTE	MINUTT
CENTIMETER	UNSE
LENGDE	VEKT
DESIMAL	TOMME
GRAM	DYBDE
GRAD	KILO
BREDDE	KILOMETER
LITER	TONN
MASSE	VOLUM

12 - Álgebra

```
N U L L V J M L E D K Ø R B Z
Q W D G R K Y O T I B F B A M
N T C Z N O J S K A R T B U S
G X J V E W P P S G P F R M Q
N U M M E R P W L R R O L E G
L U F U S R T H A A O R O N M
E I O O S N M G F M B E P G A
B B G H R O T K A F L N B D T
A Z Y N D M X P E G E K L E R
I N I O I U E D T I M L I F I
R Z G T A N E L Z H Q E N M S
A L D E A L G G Y S D B E N E
V E K S P O N E N T F P Æ G B
P A R E N T E S G A N R R U N
U E N D E L I G N I N S Ø L Z
```

DIAGRAM
LIGNING
EKSPONENT
FALSK
FAKTOR
FORMEL
BRØKDEL
UENDELIG
LINEÆR
MATRISE

NUMMER
PARENTES
PROBLEM
MENGDE
FORENKLE
LØSNING
SUM
SUBTRAKSJON
VARIABEL
NULL

13 - Plantas

```
G  C  J  U  R  B  B  M  P  S  J  L  R  O  T
O  J  O  Y  G  Ø  L  K  S  U  B  Ø  L  Y  O
K  Y  Ø  F  E  N  O  R  S  S  O  V  T  K  R
S  D  J  D  I  N  M  O  E  R  T  V  U  R  T
U  Y  I  F  S  E  S  N  R  L  N  E  D  Æ  N
B  N  C  U  W  E  T  B  G  I  R  R  S  B  N
M  O  A  L  D  O  L  L  W  U  X  K  C  O  J
A  S  T  B  G  Q  Q  A  K  A  K  T  U  S  M
B  E  W  A  O  S  I  D  T  W  L  Q  B  W  A
G  P  F  B  N  L  B  M  E  O  H  H  A  G  E
S  U  S  A  E  I  S  P  A  Z  W  B  D  V  M
K  R  A  P  G  N  K  F  L  O  R  A  J  Y  U
W  N  F  B  I  Z  A  K  I  L  I  O  R  Z  A
T  Q  V  E  G  E  T  A  S  J  O  N  G  P  Y
O  W  N  X  V  P  F  V  B  Z  Y  P  O  O  A
```

BUSK	FLORA
TRE	SKOG
BÆR	LØVVERK
BAMBUS	GRESS
BOTANIKK	EFØY
KAKTUS	HAGE
URT	MOSE
BØNNE	KRONBLAD
GJØDSEL	ROT
BLOMST	VEGETASJON

14 - Veículos

```
E  C  A  M  P  I  N  G  V  O  G  N  S  T  O
J  B  U  H  O  T  U  H  Q  F  Z  H  Y  X  G
L  R  F  E  T  Å  L  F  Y  H  O  Y  K  T  G
Q  O  R  L  I  B  E  T  S  A  L  O  K  Å  Z
P  T  Y  I  B  L  I  K  I  T  F  E  E  B  J
U  K  H  K  V  A  R  E  B  I  L  L  L  S  D
W  A  P  O  K  O  U  G  E  W  L  W  Y  N  E
O  R  A  P  F  E  Y  F  M  J  C  C  T  N  O
G  T  Q  T  T  Y  D  U  S  J  G  O  F  A  B
X  A  I  E  M  H  G  T  L  H  E  O  P  V  I
N  X  L  R  E  T  O  O  C  S  Z  L  S  R  L
B  I  A  M  B  U  L  A  N  S  E  J  R  E  F
E  U  R  A  K  E  T  T  S  J  G  S  H  D  N
Y  F  S  R  F  X  L  B  V  E  C  F  Y  N  Q
M  N  V  S  V  M  O  T  O  R  V  U  A  U  G
```

AMBULANSE	HELIKOPTER
FLY	FLÅTE
FERJE	SCOOTER
BÅT	MOTOR
SYKKEL	BUSS
LASTEBIL	DEKK
CAMPINGVOGN	UNDERVANNSBÅT
BIL	TAXI
RAKETT	TRAKTOR
VAREBIL	

15 - Engenharia

```
A F D J L B O A N I K S A M S
R K S J H F E R O T O M J P L
G Z S Z U V T S J Q Z K C W U
R C F E K R Y T S R L Z V V W
F W M D R R U T K U R T S D F
J F X B R K I N I I U D V K B
G G E Y U U M A R G A I D L B
U F B D I D Q I F R F E V V E
D I M E N S J O N E R S I Æ R
M D I A M E T E R N Y E N S E
V Å H R N Z R B D E U L K K G
M A L F R E M D R I F T E E N
K O N S T R U K S J O N L F I
D I S T R I B U S J O N V Q N
S T A B I L I T E T N B T S G
```

FRIKSJON
VINKEL
BEREGNING
KONSTRUKSJON
DIAGRAM
DIAMETER
DIESEL
DIMENSJONER
DISTRIBUSJON
AKSER

ENERGI
STABILITET
STRUKTUR
STYRKE
VÆSKE
MASKIN
MÅL
MOTOR
DYBDE
FREMDRIFT

16 - Restaurante # 2

```
F  I  S  K  I  G  N  R  W  A  N  O  K  Q  D
X  L  K  I  I  F  S  J  K  P  C  L  E  E  E
P  N  P  K  G  O  U  Y  Q  Z  R  W  L  A  I
S  K  T  M  P  R  P  S  T  O  L  N  N  R  L
A  W  X  T  V  R  P  J  N  C  F  Q  E  C  I
X  L  Q  N  D  E  E  K  T  U  W  R  R  Y  G
P  Z  F  T  R  T  N  U  D  L  E  R  U  K  Z
O  Q  N  S  I  T  L  G  Z  E  Y  H  O  K  Q
C  L  M  E  A  K  A  J  F  C  V  D  O  T
V  W  L  K  K  L  S  D  S  F  J  I  L  H  Z
P  P  H  A  H  A  K  D  N  A  G  Q  Q  V  H
Z  A  B  X  G  S  J  I  U  G  G  X  A  I  G
Y  D  J  M  F  J  E  M  L  L  H  W  I  S  E
G  R  Ø  N  N  S  A  K  E  R  V  A  N  N  Q
L  L  H  W  K  R  Y  D  D  E  R  O  N  Y  J
```

LUNSJ	KELNER
FORRETT	GAFFEL
VANN	IS
DRIKK	MIDDAG
KAKE	GRØNNSAKER
STOL	NUDLER
SKJE	FISK
DEILIG	SALT
KRYDDER	SALAT
FRUKT	SUPPE

17 - Países #2

```
J U K Q R D A N M A R K A W U
M A K U N U C R Q A I H A W X
V I M R V A S A L L E H N G I
S L U A A O H S O A L H L Z R
O L L I I N B L R H H I H L
M P J O N C N I M A Q N B A A
A N S C T X A A A B N J A I N
L E K I R K N A R F S D N T D
I P X X D N S I P J Y O O I A
A A H E N C K R J A R C N R L
F L J M U L R E K P I D H S B
U G A N D A G G J A A A U H A
K T B J H J I I U N T J J P N
O A I I N D O N E S I A T U I
F X Y M P A K I S T A N S Y A
```

ALBANIA	LIBANON
DANMARK	MEXICO
FRANKRIKE	NEPAL
HELLAS	NIGERIA
HAITI	PAKISTAN
INDONESIA	RUSSLAND
IRLAND	SYRIA
JAMAICA	SOMALIA
JAPAN	UKRAINA
LAOS	UGANDA

18 - Cozinha

```
K T Y Z S H N G T S B K T M O
J A L R E P P O K V O R X V K
Ø M U J I N I D S A L Y P E K
L U F E T F H S G M L D P G N
E G G U M N Y H E P E D Z A I
S K R U K K E U L P W E K F V
K W G N Z B S E K Z I R B L E
A S V D W X Ø W R K D N D E R
P D O U J E W D O J M V N R O
K J E L E C K O F T S O U E U
I W I L L T F I R K S P P O R
S E R V I E T T Y A J X L X T
H H P P P Z R A S C M U G Q I
N H O F Q K W E E L L I R G V
Y T N X Q B Z Q R E E J K S S
```

FORKLE
KJELE
SKJEER
ØSE
KOPPER
KRYDDER
SVAMP
KNIVER
OVN
FRYSER

GAFLER
KJØLESKAP
GRILLE
SERVIETT
KRUKKE
MUGGE
SPISEPINNER
OPPSKRIFT
BOLLE

19 - Material de Arte

```
B L Y A N T E R K P B P I S V
B Ø R S T E R J I V L T E T I
M O D H B O T H L O E Y J A S
F A R G E R R B I O K H O F K
D P O C E I T F P W K X H F E
R J B E Y Z I G L L Y C E E L
K X A S T M D N B W L S L L Æ
K R E A T I V I T E T I T I R
F V A N N K U L L F Y Y M O X
P Z W I O G D A U E B O H W L
A Q M K H A L M H P C N V S A
P M J P Z K Q Y V G A K V B D
I T Q O P R E L L E R A V K A
R O N Q L Y M B N Z I Z I H S
L E I R E L K A M E R A S J G
```

AKRYL	FARGER
VISKELÆR	KREATIVITET
AKVARELLER	BØRSTER
LEIRE	BLYANTER
VANN	BORD
STOL	OLJE
KULL	PAPIR
STAFFELI	BLEKK
KAMERA	MALING
LIM	

20 - Números

```
G W J Q S K E S Z M C A I Z O
M C H N Y P K U Y E P T Z H N
H V L O T H N K E G Z I T C U
H Y A O T S E K S T E N C G H
C S M S E R T G Q I U D F L B
K N I X N T R E T T E N U T I
F U S X M K O U R A T T E N I
E L E M H R J J Y I E J T O A
M L D F E W F T O X F L T J P
N Z J O K N F W Q R S P Å K N
Z N R R G U W L K U B Q D S D
X O K C S G E T F N W X Q H W
J C G W E C L C H I E K N O X
F E M T E N A A E Q K R W O H
T H W U C Q R D X H B M T O H
```

FEM
DESIMAL
TI
SEKSTEN
SYTTEN
ATTEN
TO
TOLV
NI
ÅTTE

FJORTEN
FIRE
FEMTEN
SEKS
SYV
TRETTEN
TRE
EN
TJUE
NULL

21 - Física

```
P A M O T O R M A S S E M E M
K A K E L E K T R O N C M M E
J D R S H A S T I G H E T S K
E K R T E S L E D I V T U I A
M W N M I L E M R O F I V T N
I M S O A K E X Q H U W N E I
S O S T T T K R Æ E L K U N K
K L A A X E N E A N A K E G K
B E G Y H P T D L S X V O A I
S K Z L V Z G T Q X J L U M M
C Y S O T D F W H O X O D B K
E L A F L L E S R E V I N U B
F I F R E K V E N S T H R W H
T Y N G D E K R A F T U P D I
Y G O A R O M J W T I G Y X Z
```

AKSELERASJON
ATOM
KAOS
TETTHET
ELEKTRON
UTVIDELSE
FORMEL
FREKVENS
GASS
TYNGDEKRAFT

MAGNETISME
MASSE
MEKANIKK
MOLEKYL
MOTOR
NUKLEÆR
PARTIKKEL
KJEMISK
UNIVERSELL
HASTIGHET

22 - Especiarias

```
E  S  U  K  N  A  K  O  R  I  A  N  D  E  R
K  P  R  A  F  F  A  S  O  D  S  Y  I  J  E
A  I  X  R  S  A  F  R  A  N  M  B  P  L  T
N  S  J  D  N  Y  H  O  Æ  V  O  N  W  I  T
E  S  L  E  K  I  N  N  E  F  I  X  H  N  I
L  K  I  M  Z  O  I  F  J  N  E  V  K  A  B
G  U  I  O  S  M  A  K  B  N  V  G  X  V  Z
L  M  P  M  H  B  S  P  A  N  I  S  N  F  H
Ø  M  Q  M  T  F  U  Ø  K  S  A  L  T  I  E
K  E  K  E  P  T  F  P  T  L  A  K  R  I  S
H  N  A  I  K  F  F  E  Y  B  D  I  Z  D  C
G  C  R  V  I  D  M  P  U  K  H  R  F  X  L
T  L  R  D  Q  U  V  P  H  V  I  T  L  Ø  K
Y  W  I  J  B  D  M  E  S  M  U  S  K  A  T
P  T  L  W  S  N  K  R  U  S  E  R  Q  R  F
```

SAFRAN	LØK
LAKRIS	KORIANDER
HVITLØK	SPISSKUMMEN
BITTER	SØT
ANIS	FENNIKEL
SUR	INGEFÆR
VANILJE	MUSKAT
KANEL	PEPPER
KARDEMOMME	SMAK
KARRI	SALT

23 - Países #1

```
F P S N I O P I Z I R A K S B
H W E M T S E C U A D O R D Y
Z W N A Y N R F I N L A N D F
O F E R S E Z A L Y I K E Y B
C F G O K Z E V E Q S A L P L
N P A K L M Z S B L A M O C C
R I L K A T M N F H R B P A I
C T C O N H Y U A E B O W N N
N U L A D B W D I G D D K A D
T S W P R H F P L R L S X D I
H T B A Y A X R A O V J T A A
S P A N I A G L T N M A C N R
I Y I I H V D U I L A M S W B
P G R A L I X I A W Q M W Q P
F E V E N E Z U E L A Y A Y Z
```

TYSKLAND
BRASIL
KAMBODSJA
CANADA
EGYPT
ECUADOR
SPANIA
FINLAND
IRAK
ISRAEL

ITALIA
INDIA
MALI
MAROKKO
NICARAGUA
NORGE
PANAMA
POLEN
SENEGAL
VENEZUELA

24 - A Mídia

```
H  O  L  D  N  I  N  G  E  R  A  H  M  E  N
A  T  K  A  F  R  W  A  R  L  O  K  A  L  E
E  V  A  G  T  U  O  O  F  L  H  N  A  V  T
Y  D  I  V  I  D  N  I  R  L  X  H  Y  D  T
Z  M  I  S  G  I  L  T  N  E  F  F  O  P  V
O  K  J  B  E  A  I  P  H  S  D  G  G  Z  E
E  D  A  D  G  R  N  Q  L  A  X  L  N  N  R
L  L  E  U  T  K  E  L  L  E  T  N  I  B  K
K  O  M  M  U  N  I  K  A  S  J  O  N  B  B
F  I  N  A  N  S  I  E  R  I  N  G  E  A  K
A  B  Y  D  I  G  I  T  A  L  T  E  M  K  J
K  O  M  M  E  R  S  I  E  L  L  Z  U  N  Z
D  G  V  R  A  D  I  O  N  G  G  T  K  T  G
J  I  N  D  U  S  T  R  I  P  F  N  K  Z  Q
U  T  D  A  N  N  I  N  G  Z  N  U  B  K  A
```

HOLDNINGER	INDUSTRI
KOMMERSIELL	INTELLEKTUELL
KOMMUNIKASJON	AVISER
DIGITALT	LOKAL
UTGAVE	ONLINE
UTDANNING	MENING
FAKTA	OFFENTLIG
FINANSIERING	RADIO
BILDER	NETTVERK
INDIVID	TV

25 - Casa

```
G A R D I N E R S P E I L Y C
F W Ø S Z A G X W Y D Y B K J
N H D N F Y A X J R R E Y I E
Q E X M E B H D B O E M D Y S
K J Ø K K E N A R K J L X U K
J L V E J R K G W N G G B Q C
D U S J L W E X N J Ø L G Ø H
V U O S U T T F I U L K V P M
I W N A D Q O B E M O R L Y B
N T Y R P E I S T A F S L E P
D U R A E H L G S E T S O K R
U Z K G D U B X R B P T N J E
A Z V G Q A I R O R K P H S E
R Z X E T J B K K J I A E C D
F V Y V I J C R S Q U M A H T
```

BIBLIOTEK	HAGE
GJERDE	PEIS
SKORSTEIN	MØBLER
NØKLER	VEGG
DUSJ	DØR
GARDINER	ROM
KJØKKEN	LOFT
SPEIL	TEPPE
GARASJE	KRAN
VINDU	KOST

26 - Vegetais

```
G H A M T A N I P S F R G J A
M R V G T O M A T J W Æ T O R
A I E I U H U X K A B F W J T
W G G S T R I R E L L E S W I
E R T R S L K Z R O C G F O S
K U P R U K Ø J E T Q N T M J
N E D H C J A K D T T I I H O
M N T A L A S R D L I H T J K
G I E U Q I W B I Ø H Y L L K
V G T O R L U G K K E F Z Ø N
B R O K K O L I N S N O X K Y
J E P E N M R M U L P Y W B T
T B P F C P S F L J V L R U N
M U O L Q O U P E R S I L L E
Z A S X R F C W I P S N N N L
```

GRESSKAR   SOPP
SELLERI   ERT
ARTISJOKK   SPINAT
HVITLØK   INGEFÆR
POTET   NEPE
AUBERGINE   AGURK
BROKKOLI   REDDIK
LØK   SALAT
GULROT   PERSILLE
SJALOTTLØK   TOMAT

27 - Balé

```
N  C  P  W  B  M  R  H  J  T  G  N  I  V  Ø
L  N  G  O  J  A  P  Y  M  G  E  M  O  A  W
L  N  Y  W  T  A  A  D  T  T  S  Z  F  D  X
U  P  U  B  L  I  K  U  M  M  T  P  W  J  Z
F  E  R  D  I  G  H  E  T  W  E  D  T  G  I
S  W  B  R  U  I  O  R  K  E  S  T  E  R  K
K  S  I  R  E  N  T  S  N  U  K  Z  T  G  O
K  E  O  D  A  T  P  R  A  K  S  I  S  R  R
Y  Q  G  A  T  E  M  A  Y  W  G  P  X  A  E
R  B  C  N  Z  N  B  U  P  I  O  L  O  S  O
T  U  X  S  Y  S  H  K  S  P  S  P  G  I  G
T  U  L  E  F  I  Y  G  V  I  L  S  P  Ø  R
U  K  X  R  P  T  G  Z  U  T  K  A  J  S  A
D  W  N  E  F  E  S  T  I  L  T  K  U  Q  F
Y  H  H  Y  X  T  T  E  K  N  I  K  K  S  I
```

APPLAUS	FERDIGHET
KUNSTNERISK	INTENSITET
KOREOGRAFI	MUSIKK
DANSERE	ORKESTER
ØVING	PRAKSIS
STIL	PUBLIKUM
UTTRYKKSFULL	RYTME
GEST	SOLO
GRASIØS	TEKNIKK

28 - Adjetivos #1

```
K  P  J  T  C  I  E  S  J  S  Q  E  W  K  R
U  S  J  S  V  I  T  K  A  R  T  T  A  R  E
N  S  J  S  J  Q  I  R  S  K  M  G  R  M  R
S  P  M  S  E  R  I  Ø  S  O  Æ  R  L  I  G
T  K  E  F  R  E  P  M  P  X  T  G  W  L  L
N  S  M  Q  P  N  P  U  T  U  T  I  K  N  F
E  I  Y  L  Q  K  M  R  J  J  U  T  S  F  P
R  T  S  L  O  S  Z  W  E  Y  L  K  I  K  V
I  N  T  U  A  E  N  C  G  X  O  I  T  O  O
S  E  I  F  D  N  N  S  V  Z  S  V  A  F  Q
K  D  S  I  E  R  G  O  R  J  B  O  M  I  U
R  I  K  D  R  E  N  S  R  P  A  I  O  Q  T
L  S  B  R  A  D  U  V  O  M  R  O  R  B  Y
B  H  E  E  R  O  T  S  W  M  D  B  A  Y  N
B  Q  P  V  D  M  S  J  E  N  E  R  Ø  S  N
```

ABSOLUTT	ÆRLIG
AROMATISK	IDENTISK
KUNSTNERISK	VIKTIG
ATTRAKTIV	LANGSOM
ENORM	MYSTISK
MØRK	MODERNE
EKSOTISK	PERFEKT
TYNN	TUNG
SJENERØS	SERIØS
STOR	VERDIFULL

29 - Psicologia

```
G  P  P  E  R  S  O  N  L  I  G  H  E  T  F
Y  Å  A  V  T  A  L  E  F  R  G  T  R  V  Ø
O  V  D  M  K  B  M  U  R  K  M  A  E  I  L
X  I  R  O  P  P  F  A  T  N  I  N  G  R  E
A  R  Ø  D  P  E  G  O  G  O  V  B  N  K  L
K  K  M  N  E  F  T  I  G  J  U  E  I  E  S
F  N  M  R  E  K  N  A  T  S  R  V  R  L  E
Ø  I  E  A  K  Z  A  N  M  I  D  I  A  I  I
L  N  R  B  Y  L  H  F  D  N  E  S  F  G  J
E  G  L  G  P  E  I  Z  Q  G  R  S  R  H  A
L  E  K  I  W  G  K  N  D  O  I  T  E  E  P
S  R  T  E  R  A  P  I  I  K  N  L  N  T  L
E  K  O  N  F  L  I  K  T  S  G  Ø  U  W  N
R  O  P  P  F  Ø  R  S  E  L  K  S  P  Y  O
R  A  H  T  P  P  R  O  B  L  E  M  J  D  R
```

VURDERING	BARNDOM
KLINISK	PÅVIRKNINGER
KOGNISJON	TANKER
OPPFØRSEL	OPPFATNING
AVTALE	PERSONLIGHET
KONFLIKT	PROBLEM
EGO	VIRKELIGHET
FØLELSER	FØLELSE
ERFARINGER	DRØMMER
BEVISSTLØS	TERAPI

30 - Paisagens

```
C  Z  T  U  R  Ø  M  P  H  E  I  D  E  W  Q
I  L  L  J  R  R  U  T  R  M  P  U  Y  B  U
S  Å  C  X  J  K  I  V  H  I  N  N  S  J  Ø
B  B  I  N  C  E  M  P  M  U  S  Y  C  B  O
R  I  U  O  I  N  X  K  V  O  L  A  D  B  A
E  S  T  R  A  N  D  P  U  V  L  E  S  A  O
R  M  H  F  J  E  L  L  A  E  P  D  O  O
Z  F  P  A  F  Z  J  D  K  H  J  T  K  F  R
G  U  L  F  L  O  H  N  A  Y  F  U  U  F  J
N  I  U  L  P  V  S  O  N  V  S  N  R  B  T
W  U  Z  H  H  P  Ø  S  L  B  I  D  S  P  E
X  O  X  F  B  I  O  Y  R  B  X  R  Z  G  S
K  V  F  X  N  W  J  Ø  V  B  Q  A  J  U  I
I  Z  I  U  I  V  M  S  R  G  Y  A  B  F  R
W  W  V  A  N  G  G  P  U  O  P  F  S  A  C
```

FOSS	HAV
HULE	FJELL
ÅS	OASE
ØRKEN	SUMP
VIK	HALVØY
ISBRE	STRAND
GULF	ELV
ISFJELL	TUNDRA
ØY	DAL
INNSJØ	VULKAN

31 - Dança

```
I  K  K  S  I  S  S  A  L  K  C  V  S  G  F
L  P  P  O  R  K  X  L  B  M  F  D  T  L  Ø
L  T  F  X  R  E  O  B  M  A  S  G  R  E  L
L  T  N  D  P  E  M  B  V  Z  C  M  A  D  E
U  O  N  Q  N  M  O  K  Y  S  Z  U  D  E  L
F  D  F  E  X  I  C  G  T  Q  I  S  I  L  S
S  R  H  K  F  B  I  U  R  P  R  I  S  I  E
K  U  L  T  U  R  E  L  L  A  P  K  J  G  N
K  T  O  S  T  R  H  Q  P  Z  F  K  O  H  Å
Y  L  G  N  I  V  Ø  Q  C  K  C  I  N  O  D
R  U  N  U  V  I  S  U  E  L  L  E  E  P  E
T  K  J  K  A  K  A  D  E  M  I  Z  L  P  I
T  B  E  V  E  G  E  L  S  E  T  M  L  E  E
U  R  Y  T  M  E  H  O  L  D  N  I  N  G  E
E  C  E  R  S  O  Q  L  K  E  T  A  Q  U  I
```

AKADEMI	UTTRYKKSFULL
GLEDELIG	NÅDE
KUNST	BEVEGELSE
KLASSISK	MUSIKK
KOREOGRAFI	SAMBOER
KROPP	HOLDNING
KULTUR	RYTME
KULTURELL	HOPPE
FØLELSE	TRADISJONELL
ØVING	VISUELL

32 - Nutrição

```
Y  K  M  F  Z  J  L  K  V  J  Q  J  K  T  F
A  R  A  I  E  Z  S  E  Æ  T  Q  E  A  N  O
K  P  Q  I  F  M  J  X  S  U  A  S  R  Æ  R
V  S  P  H  S  M  A  K  K  R  P  G  B  R  D
A  E  P  E  S  L  E  H  E  L  P  N  O  I  Ø
L  Y  G  I  T  K  E  V  R  A  H  I  H  N  Y
I  M  D  M  S  I  B  I  T  T  E  R  Y  G  E
T  R  E  N  I  E  T  O  R  P  U  Æ  D  S  L
E  R  C  M  I  P  L  T  G  N  P  J  R  S  S
T  S  G  Q  P  S  Y  I  T  I  F  G  A  T  E
K  A  L  O  R  I  E  R  G  M  F  E  T  O  V
A  D  I  E  T  T  B  W  U  A  S  T  E  F  P
B  A  L  A  N  S  E  R  T  T  D  F  R  F  R
T  E  O  V  H  C  B  J  T  I  J  L  Y  H  Z
H  N  T  S  W  L  J  C  E  V  S  U  N  N  V
```

BITTER	SAUS
APPETITT	NÆRINGSSTOFF
KALORIER	VEKT
KARBOHYDRATER	PROTEINER
SPISELIG	KVALITET
DIETT	SMAK
FORDØYELSE	SUNN
BALANSERT	HELSE
GJÆRING	GIFT
VÆSKER	VITAMIN

33 - Energia

```
R  X  U  F  Z  V  B  A  J  B  U  D  E  E  F
E  T  V  M  O  G  V  B  F  Z  B  I  N  L  O
B  X  S  O  Z  T  M  E  Z  K  U  R  T  E  R
S  R  N  R  L  L  O  E  K  J  L  E  R  K  U
J  Æ  E  M  N  S  M  N  S  O  L  B  O  T  R
D  E  G  N  F  O  R  N  Y  B  A  R  P  R  E
K  L  O  I  S  M  I  L  J  Ø  E  D  I  I  N
B  K  R  S  Q  E  V  I  N  D  L  I  G  S  S
A  U  D  N  O  Q  L  G  X  P  E  E  W  K  I
T  N  Y  E  M  R  A  V  E  E  K  S  C  N  N
T  J  H  B  Q  O  F  W  T  B  T  E  L  S  G
E  L  E  I  Q  W  T  U  Q  Q  R  L  S  W  R
R  K  A  R  B  O  N  O  C  J  O  V  K  B  K
I  T  U  R  B  I  N  S  R  V  N  S  P  B  W
Y  S  I  N  D  U  S  T  R  I  C  G  Z  B  N
```

MILJØ	BENSIN
BATTERI	HYDROGEN
VARME	INDUSTRI
KARBON	MOTOR
BRENSEL	NUKLEÆR
DIESEL	FORURENSING
ELEKTRISK	FORNYBAR
ELEKTRON	SOL
ENTROPI	TURBIN
FOTON	VIND

34 - Disciplinas Científicas

```
A S T R O N O M I M O T A N A
N B F Y S I O L O G I P Q C Q
E I K I G O L A R E N I M I J
V O K G T E Y R M M Y A V G H
R L I O I Z Y K K I N A T O B
O O M L S G V E K J E M I L Y
L G A O A F O O W W P L D O N
O I N E I G O L O I S E N I K
G E Y G J P L O O X Y J O S X
I K D F S U A G M R K A R O E
A D O E M W T I D G O M G S D
I M M U N O L O G I L E O P X
L P R Ø K O L O G I O G T Q R
I M E J K O I B H L G N A E P
C R T Z O O L O G I I N M J M
```

ANATOMI
ARKEOLOGI
ASTRONOMI
BIOLOGI
BIOKJEMI
BOTANIKK
KINESIOLOGI
ØKOLOGI
FYSIOLOGI
GEOLOGI

IMMUNOLOGI
METEOROLOGI
MINERALOGI
NEVROLOGI
PSYKOLOGI
KJEMI
SOSIOLOGI
TERMODYNAMIKK
ZOOLOGI

35 - Meditação

```
U  M  X  L  O  I  F  A  L  D  Y  I  G  M  O
A  M  U  S  I  K  K  R  K  V  L  O  S  E  P
L  U  V  S  S  C  B  U  E  S  J  M  W  D  P
W  T  E  H  L  L  I  T  S  D  E  Y  W  F  M
M  E  N  T  A  L  W  A  E  A  N  P  K  Ø  E
P  V  Å  K  E  N  V  N  S  I  N  N  T  L  R
T  E  H  G  I  L  M  E  N  K  K  A  T  E  K
G  O  R  E  N  A  V  R  G  D  W  D  E  L  S
N  O  J  S  A  V  R  E  S  B  O  R  H  S  O
I  J  L  A  P  C  Y  K  X  E  Q  X  R  E  M
N  W  A  D  Y  E  K  N  D  F  T  P  A  U  H
D  V  J  D  Y  X  K  A  N  B  T  H  L  A  E
L  V  I  U  L  T  U  F  B  D  H  K  K  T
O  U  W  T  T  E  H  G  I  L  N  N  E  V  A
H  V  D  E  S  L  E  G  E  V  E  B  D  A  L
```

AKSEPT	BEVEGELSE
VÅKEN	MUSIKK
OPPMERKSOMHET	NATUR
VENNLIGHET	OBSERVASJON
KLARHET	FRED
MEDFØLELSE	TANKER
TAKKNEMLIGHET	PERSPEKTIV
VANER	HOLDNING
MENTAL	STILLHET
SINN	

36 - Artes Visuais

```
W C A R K I T E K T U R L E B
M A L E R I L E F F A T S V L
L E I R E K K I M A R E K D Y
K R E A T I V I T E T O O M A
S K U L P T U R W E O Z V K N
R R P V R Q C D C S B O I R T
D E Z O S J A B L O N G T I P
H V E E R I A O T K I N K T U
T R I D L T O R Y Y O P E T Y
A E S X D F R Z T B J L P P C
F T T M O I O E X I O P S H I
M S I L J L B T T P S P R L J
G E O W G M O Z U T S T E O M
H M L A K K X R Y S B Y P G Y
O A F O T O G R A F I D N S A
```

LEIRE	FILM
ARKITEKTUR	FOTOGRAFI
ARTIST	KRITT
PENN	BLYANT
STAFFELI	MESTERVERK
VOKS	PERSPEKTIV
KERAMIKK	MALERI
KREATIVITET	PORTRETT
SKULPTUR	LAKK
SJABLONG	

37 - Moda

```
A  N  J  W  O  E  B  M  X  C  Z  O  T  T  Q
R  U  K  X  R  B  O  Å  R  K  I  O  R  E  V
J  N  P  J  I  A  J  L  R  S  V  Z  E  K  O
K  L  Æ  R  G  T  C  I  E  I  C  F  N  S  F
V  U  Y  U  I  Q  P  N  P  T  M  N  D  T  L
B  V  U  W  N  E  W  G  P  K  B  E  P  U  P
E  O  O  R  A  O  U  E  A  A  L  D  L  R  E
B  L  U  E  L  W  R  R  N  R  O  E  I  I  V
E  X  E  T  O  M  C  F  K  P  N  J  T  F  G
E  V  R  G  I  S  T  O  F  F  D  K  S  O  Z
Q  B  C  G  A  Q  D  Y  R  T  E  S  D  L  L
N  F  A  R  Q  N  U  C  E  N  R  E  D  O  M
C  G  H  K  X  G  T  E  V  M  B  B  S  W  L
K  O  M  F  O  R  T  A  B  E  L  E  K  N  E
P  B  R  O  D  E  R  I  X  I  N  A  Y  X  F
```

RIMELIG	BESKJEDEN
BRODERI	ORIGINAL
KNAPPER	PRAKTISK
BOUTIQUE	BLONDER
DYRT	KLÆR
KOMFORTABEL	ENKEL
ELEGANT	STOFF
STIL	TREND
MÅLINGER	TEKSTUR
MODERNE	

38 - Instrumentos Musicais

```
K N M S D F U P E M M O R T H
U E A H T L M U N N S P I L L
Z T N P Y Ø P A O I N P Y R M
A S D I V Y B O B R F E Q A A
W G O B O T D U M U C R H F R
K I L S F E U D O B U K O R I
Y T I K A I V W R M J U T J M
U A N W L K O T T A Q S Y C B
H R P D E A S L G T Q J K U A
L U C W N B R O I F U O U F D
T R O M P E T I F N L N I E W
G O N G V N V N N O S Z Y P X
B A N J O N A I P E N Z T R B
H C E L L O J V K T T O G A F
Q P L O W Y T Z W R R T V H A
```

MANDOLIN	TAMBURIN
BANJO	PERKUSJON
KLARINETT	PIANO
FAGOTT	SAKSOFON
FLØYTE	TROMME
MUNNSPILL	TROMBONE
GONG	TROMPET
HARPE	GITAR
MARIMBA	FIOLIN
OBO	CELLO

39 - Adjetivos #2

```
N  T  Y  T  M  X  M  C  D  N  B  K  S  B  I
F  V  J  Ø  Z  R  A  Y  H  M  D  M  U  E  N
G  I  L  R  A  V  S  N  A  A  A  R  N  S  T
U  T  B  R  R  G  D  Z  L  Y  Y  E  N  K  E
V  A  D  E  F  V  X  H  E  L  S  N  U  R  R
I  E  P  K  R  Z  O  S  V  A  R  M  T  I  E
L  R  C  U  F  Ø  N  A  B  M  M  W  L  V  S
L  K  D  T  A  V  M  P  N  R  N  Q  A  E  S
E  L  E  G  A  N  T  T  L  O  T  S  S  N  A
P  R  O  D  U  K  T  I  V  N  G  N  F  D  N
O  D  I  H  G  X  R  R  C  R  O  Z  H  E  T
N  P  R  H  O  Y  I  E  X  W  D  Q  A  H  V
N  A  T  U  R  L  I  G  T  E  V  A  G  E  B
A  U  T  E  N  T  I  S  K  S  U  I  Q  E  X
Z  B  N  W  A  I  M  E  H  S  R  Q  C  F  L
```

AUTENTISK	NY
KREATIV	STOLT
BESKRIVENDE	PRODUKTIV
BEGAVET	REN
ELEGANT	VARMT
BERØMT	ANSVARLIG
STERK	SALT
INTERESSANT	SUNN
NATURLIG	TØRR
NORMAL	VILL

40 - Roupas

```
J  E  A  N  S  M  H  A  N  S  K  E  R  P  Q
M  T  H  B  X  N  O  T  D  B  F  L  S  Y  B
H  J  U  O  L  B  Q  T  T  U  D  K  O  J  H
G  A  S  K  O  U  T  C  E  K  A  R  K  A  F
E  T  L  N  F  X  S  J  C  S  R  O  K  M  R
N  D  D  S  L  Y  X  E  O  E  R  F  E  A  A
S  O  I  Y  K  W  B  E  L  T  E  M  R  S  K
E  M  L  F  H  J  G  T  J  A  K  K  E  W  K
R  C  W  F  L  V  E  X  L  N  J  X  T  H  F
T  I  L  W  T  A  W  D  N  Å  B  M  R  A  Q
A  C  I  Z  B  D  J  W  E  N  D  X  O  E  Y
J  W  H  Z  X  R  H  Z  M  P  B  Y  J  L  E
Q  V  L  R  E  L  A  D  N  A  S  L  K  D  R
K  J  O  L  E  R  T  R  Ø  J  K  S  S  C  W
A  Y  L  Z  B  T  T  B  A  M  W  M  J  P  I
```

FORKLE	HANSKER
BLUSE	SOKKER
BUKSE	MOTE
SKJORTE	PYJAMAS
FRAKK	ARMBÅND
HATT	SKJØRT
BELTE	SANDALER
HALSKJEDE	SKO
JAKKE	GENSER
JEANS	KJOLE

41 - Herbalismo

```
I  Z  M  N  F  U  I  E  B  K  R  U  T  T  K
B  N  H  V  I  T  L  Ø  K  A  M  S  Z  F  V
L  I  G  K  O  R  I  A  N  D  E  R  W  Y  A
O  R  I  R  L  P  Q  W  W  T  Q  G  J  W  L
M  A  T  B  E  L  L  I  S  R  E  P  A  P  I
S  M  S  A  D  D  V  R  G  T  T  W  P  H  T
T  S  N  S  N  F  I  F  S  Z  I  S  T  Z  E
O  O  U  I  E  M  I  E  Y  S  E  M  Y  P  T
K  R  G  L  V  F  E  T  N  A  L  P  I  G  B
U  V  B  I  A  Z  Q  G  F  S  L  R  Z  A  J
M  W  H  K  L  A  R  O  M  A  T  I  S  K  N
R  H  D  U  F  E  N  N  I  K  E  L  G  L  N
G  O  G  M  A  R  O  J  R  A  M  V  B  Q  Ø
S  A  F  R  A  N  O  G  A  R  T  S  E  M  R
M  S  V  W  I  Y  W  G  E  V  Z  B  O  D  G
```

SAFRAN	HAGE
ROSMARIN	LAVENDEL
HVITLØK	BASILIKUM
AROMATISK	MARJORAM
GUNSTIG	PLANTE
KORIANDER	KVALITET
ESTRAGON	SMAK
BLOMST	PERSILLE
FENNIKEL	TIMIAN
INGREDIENS	GRØNN

42 - Arqueologia

```
E  T  X  D  U  K  A  S  T  U  T  E  R  Å  M
G  H  R  F  L  K  Y  E  N  O  W  K  E  G  Y
V  A  R  G  J  O  J  L  T  N  F  S  L  L  S
E  U  J  R  E  T  K  E  J  B  O  P  I  E  T
S  T  R  B  E  I  N  P  N  S  R  E  K  M  E
Y  F  T  D  T  B  B  M  M  T  S  R  V  T  R
L  G  F  E  E  C  Q  E  K  L  K  T  I  I  I
A  V  Y  S  R  R  Z  T  O  K  E  S  E  Æ  U
N  K  U  U  W  K  I  A  W  I  R  R  B  R  M
A  I  D  W  S  U  O  N  D  G  R  G  K  A  J
F  O  S  S  I  L  T  M  G  A  Q  E  U  F  E
A  N  T  I  K  K  E  N  M  T  V  Q  R  Q  W
K  J  U  J  Q  R  O  S  S  E  F  O  R  P  I
L  O  V  Z  Z  T  P  K  T  G  R  B  G  T  S
B  C  S  E  D  A  G  Y  X  Z  T  E  A  M  S
```

ANALYSE	FOSSILT
ÅR	FORSKER
ANTIKKEN	MYSTERIUM
VURDERING	OBJEKTER
ETTERKOMMER	BEIN
UKJENT	PROFESSOR
TEAM	RELIKVIE
ÆRA	TEMPEL
EKSPERT	GRAV
GLEMT	

43 - Esporte

```
U M O O W S P W I Q V R C S R
J T A O W U P B O G I X L Y G
U B H K S L O B A T E M V K H
X M D O S H R E L K S U M L V
W N V A L I K B T I B G Å I Z
B X X X N D M A T L E T L N V
S V D N V S E E D I E T T G P
P L J Z K A G N R S K B P Z R
O M N H C S G I H E R O M C O
R E N E R T O E K E Y L A Q G
T L W M R H J B W T T U H F R
H B T O L B E Z P R S L A J A
V G G N I R Æ N R E S L E H M
K R G P E F X T X J N P A J L
F S S Z Y N J O G H S X K K P
```

ATLET
HJERTE
SYKLING
KROPP
DANS
DIETT
SPORT
STYRKE
JOGGE
MAKSIMERE

METABOLSK
MUSKLER
ERNÆRING
MÅL
BEIN
PROGRAM
UTHOLDENHET
HELSE
TRENER

44 - Agronomia

```
P  T  C  D  T  S  K  E  V  E  B  U  G  P  I
Q  O  L  C  V  D  Y  Q  Z  V  X  W  J  Q  T
O  M  I  L  J  Ø  P  S  Y  U  S  F  Ø  U  G
F  R  Q  G  K  B  D  T  T  E  D  L  D  Z  V
K  R  G  D  W  I  S  A  N  E  N  E  S  J  I
X  I  W  A  H  E  C  U  G  U  M  B  E  K  T
I  G  R  E  N  E  R  A  Z  S  A  E  L  P  E
F  S  E  B  G  I  G  O  L  O  K  Ø  R  F  N
B  G  M  D  Z  X  S  R  S  N  O  V  D  S
E  N  M  V  J  Z  C  K  K  J  E  C  P  Y  K
P  R  O  D  U  K  S  J  O  N  O  J  W  Q  A
V  J  D  K  H  W  W  J  R  E  T  N  A  L  P
A  O  K  L  A  N  D  L  I  G  W  R  O  W  S
N  R  Y  L  A  N  D  B  R  U  K  G  G  V  T
N  D  S  F  O  R  U  R  E  N  S  I  N  G  K
```

LANDBRUK	GJØDSEL
MILJØ	ORGANISK
VANN	PLANTER
VITENSKAP	FORURENSING
VEKST	PRODUKSJON
SYKDOMMER	LANDLIG
ØKOLOGI	FRØ
ENERGI	SYSTEMER
EROSJON	JORD

45 - Frutas

```
B Q G T V Z P Z X G Q B Q C P
J D S C S E O Z O T A A Q U X
Ø Z E M O Z S I D U F N L B M
R Æ B G K P A P A Y A A I R U
N O R T I S N M K J G N L I E
E U R D R W A T O Q N D L N B
B E R E P O N M V K O A T G N
Æ L V M A C A O A K W J T E E
R P B M A C Z Z G E N J Ø B K
W R Æ M M N Q A J P E K N Æ T
X D R R S F G I F L K I S R A
O O D X E P C O B E S W O T R
T T D O F R Æ B E S R I K C I
O R A N S J E E R F E I O S N
O M R R U G W V O C F U K B Y
```

AVOKADO	KIWI
ANANAS	ORANSJE
BJØRNEBÆR	SITRON
BÆR	EPLE
BANAN	PAPAYA
KIRSEBÆR	MANGO
KOKOSNØTT	NEKTARIN
APRIKOS	PÆRE
FIG	FERSKEN
BRINGEBÆR	DRUE

46 - Corpo Humano

```
A U B D P Y O H E W Z R B A Ø
N F H S L A H K J E V E L L Y
K C A B I F N N U M N S O B E
E M E Q R O M N R I C E D U N
L Z S T M P A I E N K N I E B
M H J E R N E N D T H U D M V
J H L R K U D V L Y R X G H O
Q Y H Ø D A O C U L E E O H M
W C Å B R T H C K G G Q J I C
H I N U M Y G F S J N F T H M
Q G D U J B T U S K I B M B W
G K D P G N P P O L F X N Z S
W T B Y I N A T Y Z B R I B M
K S E H U X J X C G E U Z V U
Y R O D U H G Q I M W M E F B
```

MUNN	ØYE
HODE	SKULDER
HJERNE	ØRE
HJERTE	HUD
ALBUE	BEIN
FINGER	HALS
KNE	HAKE
KJEVE	BLOD
HÅND	PANNE
NESE	ANKEL

47 - Caminhada

```
T R Ø T T G J D G S Z D J P Z
H U S T Ø V L E R J I H Q B Z
F T W M S O O P Æ K Y R O H N
N A M I L K S P V F G G Y M S
G N I P M A C I V A N N C M W
D Y R T S H J L A H U Z F R B
S P A R K E R K T K T U A Z O
T T R J J Y B U B W Y R V R U
G C E S L E D E R E B R O F H
K V G I M V I S D N Z M G O N
Z A H G N I R E T N E I R O G
B H R T R E E H I V G Y J Y V
A U V T B C R Q S F I L L D W
X M G X G N A Z L X L L E J F
W U J M P J F A A W H G L P N
```

CAMPING   ORIENTERING
DYR   PARKER
VANN   STEINER
STØVLER   KLIPPE
TRØTT   FARER
KLIMA   TUNG
KART   FORBEREDELSE
FJELL   VILL
MYGG   SOL
NATUR   VÆR

48 - Biologia

```
P  R  O  T  E  I  N  J  I  L  L  U  L  E  A
Y  R  Y  X  S  V  N  D  W  E  V  G  W  V  K
T  X  R  G  O  G  N  O  A  N  J  D  R  O  O
G  N  B  R  I  C  E  K  E  V  R  E  N  L  E
R  G  M  G  B  P  G  R  I  G  D  L  H  U  P
W  E  E  I  M  W  A  P  R  F  C  L  L  S  N
G  O  X  L  Y  N  L  T  E  C  Y  H  N  J  H
U  I  N  H  S  J  L  I  T  P  E  R  X  O  O
C  M  O  S  O  M  O  R  K  E  X  L  W  N  R
N  O  J  U  W  S  K  L  A  B  D  N  L  U  M
E  T  S  Z  G  A  V  L  B  S  I  Y  T  E  O
V  A  A  M  Y  Z  N  E  V  U  Y  X  R  B  N
R  N  T  D  O  N  A  T  U  R  L  I  G  D  J
O  A  U  K  E  S  E  T  N  Y  S  O  T  O  F
N  F  M  Z  I  X  E  S  P  A  N  Y  S  W  S
```

ANATOMI	PATTEDYR
BAKTERIE	MUTASJON
CELLE	NATURLIG
KOLLAGEN	NERVE
KROMOSOM	NEVRON
EMBRYO	OSMOSE
ENZYM	PROTEIN
EVOLUSJON	REPTIL
FOTOSYNTESE	SYMBIOSE
HORMON	SYNAPSE

49 - Beleza

```
T U R B S K N Y M D J K L Z O
A A E U J S A V R U R C E A I
Z N T G A N Å D E F S W P H F
H D S N R S A U J T A V P C Z
Q V E H M A T H L T K K E S S
V M N V B R F Y O V S L S J J
H P E T N A G E L E V D T A U
G G J C T C S I G I B S I M U
P J T R K S M J H T S I F P S
T X I Q T A I U Z M V T T O N
O T V P Y M N C J Y S P E I L
O U A K R H K K I T E M S O K
J Q H O F G E K R Ø L L E R I
B P U P R O D U K T E R T L L
E L E G A N S E F O T O G E N
```

LEPPESTIFT	DUFT
KRØLLER	NÅDE
SJARM	SMINKE
FARGE	OLJER
KOSMETIKK	HUD
ELEGANT	PRODUKTER
ELEGANSE	MASCARA
SPEIL	TJENESTER
STYLIST	SAKS
FOTOGEN	SJAMPO

50 - Filantropia

```
G A V M I L D H E T J Z S E S
L K O N T A K T E R T W S D A
Å W H C A X L B F O L K P D M
M R E P P U R G B A R N G I F
O E G N E R T I L D K S R Q U
D M N M I S J O N W T Q X E N
G M O N O F F E N T L I G I N
N A H T E H G I D E D L E V E
U R F I Q S G L O B A L X A T
W G I Z S U K K U M I D L E R
R O N W F T U E M G C N Y S L
B R A M E C O X H A J C A R L
K P N M S Q A R U E L P F L T
N E S D R Y I H I O T U A N F
Æ R L I G H E T A E Q B L I W
```

VELDEDIGHET   ÆRLIGHET
SAMFUNNET   MENNESKEHET
KONTAKTER   UNGDOM
BARN   MISJON
FINANS   TRENGE
MIDLER   MÅL
GAVMILDHET   FOLK
GLOBAL   PROGRAMMER
GRUPPER   OFFENTLIG
HISTORIE

51 - Ecologia

```
S  X  P  J  B  M  A  N  G  A  Q  A  F  W  C
T  A  T  I  B  A  H  O  E  R  L  X  A  P  J
T  H  M  P  S  O  L  L  K  T  B  V  U  L  F
G  I  T  F  A  R  K  E  R  Æ  B  T  N  A  V
U  J  C  G  U  P  U  J  Ø  M  Y  R  A  N  E
L  U  R  J  N  N  U  H  T  V  I  J  N  T  G
F  J  E  L  L  F  N  U  G  F  T  R  Q  E  E
Y  Y  S  F  M  A  N  G  F  O  L  D  C  R  T
B  M  R  M  L  B  B  T  D  O  Z  F  F  U  A
L  F  U  A  L  O  D  O  K  L  I  M  A  T  S
X  W  S  R  V  W  R  O  L  O  Y  N  S  A  J
Y  C  S  I  T  G  V  A  D  G  L  N  G  N  O
F  H  E  N  N  A  T  U  R  L  I  G  D  I  N
N  K  R  E  S  L  E  V  E  L  R  E  V  O  O
Q  A  F  R  I  V  I  L  L  I  G  E  S  S  D
```

KLIMA   NATURLIG
SAMFUNN   NATUR
MANGFOLD   MYR
ART   PLANTER
FAUNA   RESSURSER
FLORA   TØRKE
GLOBAL   OVERLEVELSE
HABITAT   BÆREKRAFTIG
MARINE   VEGETASJON
FJELL   FRIVILLIGE

52 - Família

```
V N Q G D O D B W G J A M G V
A I R O M J Q R A F O D W E D
J E E A R Ø M O D Z R R R A R
K S T U B V O R P L V K O J C
O E T G O E D D R E E H M N K
N T A G U N N A M E T K E O B
E N D B U E R R A F M A T S A
B A V T E S A S A Q G G S R R
X T F C T S B W Ø B Z A E O N
F E T T E R T B L S C T B M E
D R W A S W M E P T T R S O U
O N K E L C E T F V S E F E G
Q D I C P C C R B A R I R L H
E U B I D F S G I L R E D A F
T M H A S P O U Z D K B X J B
```

STAMFAR
BESTEMOR
BESTEFAR
BARN
KONE
DATTER
BARNDOM
SØSTER
BROR
EKTEMANN

MORS
MOR
BARNEBARN
FAR
FADERLIG
FETTER
NIESE
NEVØ
TANTE
ONKEL

53 - Férias #2

```
U F L Y P L A S S E N R T Q D
F T R O P S N A R T S E A I E
E J L Q I W M Y P V B I X E S
R W L E Y C D Q R B I S I R T
I N E M N Q I Y G I D E I E I
E S T W V D T I F L A G Q S N
U B O Ø Y Y I C H D J F A T A
E Y H H V C R N S E G V H A S
V I S U M Q F F G R E T E U J
R E S E R V A S J O N E R R O
A U T E L T H A V O M U S A N
P A S S W L I O O I C N C N K
I G L Z N J E M L W Z N Q T A
F W B O R E B J S T R A N D U
Z T W U E F X D F T N X X M C
```

FLYPLASSEN	FJELL
DESTINASJON	PASS
UTLENDING	STRAND
FERIE	RESERVASJONER
BILDER	RESTAURANT
HOTELL	TAXI
ØY	TELT
FRITID	TRANSPORT
KART	REISE
HAV	VISUM

54 - Edifícios

```
D  R  Å  G  N  N  R  T  W  M  E  F  V  H  S
D  E  K  R  A  M  R  E  P  U  S  I  X  H  S
W  P  E  A  R  R  E  D  A  S  S  A  B  M  A
N  P  V  D  G  S  A  X  F  E  L  O  K  S  Q
S  N  V  J  A  L  B  S  H  U  U  D  N  K  M
B  V  B  Y  J  O  W  V  J  M  A  K  F  I  W
L  Z  D  I  K  T  D  A  R  E  T  A  E  T  K
E  E  Y  K  E  T  G  P  A  J  P  J  V  L  K
M  U  I  R  O  T  A  R  O  B  A  L  Å  E  I
T  C  W  L  S  T  A  D  I  O  N  L  L  T  R
Y  H  M  Z  I  P  C  O  H  N  S  E  E  Q  B
S  T  M  F  R  G  L  L  Z  I  H  T  D  B  A
A  Å  K  M  S  U  H  E  K  Y  S  O  Q  B  F
K  R  H  V  K  J  T  E  J  D  L  H  F  J  J
Y  N  S  Q  M  Y  P  Q  T  K  R  P  B  V  I
```

LEILIGHET
SLOTT
LÅVE
KINO
AMBASSADE
SKOLE
STADION
GÅRD
FABRIKK

GARASJE
SYKEHUS
HOTELL
LABORATORIUM
MUSEUM
SUPERMARKED
TEATER
TELT
TÅRN

55 - Aventura

```
F  L  S  V  S  S  K  J  Ø  N  N  H  E  T  M
D  A  J  R  E  G  N  I  R  D  R  O  F  T  U
Z  F  R  J  O  K  V  T  K  U  L  F  T  U  L
E  D  E  L  G  H  W  E  J  E  A  W  E  T  I
J  N  R  B  I  Y  U  H  S  J  A  N  S  E  G
W  J  T  N  Y  G  B  R  R  E  N  O  L  H  H
I  O  L  U  O  T  A  E  L  T  A  J  E  G  E
V  J  O  Q  S  K  R  K  X  U  V  S  D  I  T
T  E  T  I  V  I  T  K  A  R  I  A  E  L  B
I  I  N  E  I  G  A  I  O  E  G  N  R  E  B
G  O  V  N  D  R  P  S  M  S  A  I  E  K  J
Y  V  U  Y  E  N  Y  X  M  I  S  T  B  S  I
A  Z  I  Q  V  R  K  N  Z  E  J  S  R  N  S
U  V  A  N  L  I  G  Q  U  R  O  E  O  A  S
B  D  Q  G  W  N  A  T  U  R  N  D  F  V  J
```

GLEDE	UVANLIG
VENNER	REISERUTE
AKTIVITET	NATUR
SKJØNNHET	NAVIGASJON
SJANSE	NY
UTFORDRINGER	MULIGHET
DESTINASJON	FARLIG
VANSKELIGHET	FORBEREDELSE
ENTUSIASME	SIKKERHET
UTFLUKT	

56 - Floresta Tropical

```
I M A N G F O L D C V D X Q A
P N E J U N G E L N A T U R M
A V S S B X B X C A K O M E F
T E L E F U G L E R L B E Y I
T R E S K A E G E C O S Z K B
E D V O S T E N N U F M A S I
D I E M I K E I R Y R N M L E
Y F L C N U E R X E U D I L R
R U R Y A L Z A R A S M L Z R
Q L E A T F J V Q Q T P K W X
X L V J O L Y E R S K B E F H
A C O P B I N B V C L N U K N
A R T P S T B A O U V V G N T
O Y T R E S T A U R E R I N G
Q H O H N H W F I P W J Z F M
```

AMFIBIER	NATUR
BOTANISK	SKYER
KLIMA	FUGLER
SAMFUNNET	BEVARING
MANGFOLD	TILFLUKT
ART	RESPEKT
URFOLK	RESTAURERING
INSEKTER	JUNGEL
PATTEDYR	OVERLEVELSE
MOSE	VERDIFULL

57 - Cidade

```
F H O P M G E K N O S N R S K
X C O D F U C J H H X N E T L
I T I M K K S R L B O E S A I
D E K R A M R E P U S B T D N
L G Y Z A R R T U P G A A I I
B A D N Y J K A J M X K U O K
O H H U E Y N E A Q N E R N K
K E Q T V F A T D P S R A E E
H R P F V N B I G H O I N R T
A Y S K O L E O A O N T T W O
N D S A L O N G L T I N E U I
D T P O T C Q M L E K T L K L
E T F C F N Y C E L J M Y T B
L H C N J T O E R L I C G T I
J D U B Q T U T I A Y K Z H B
```

BANK
BIBLIOTEK
KINO
KLINIKK
SKOLE
STADION
APOTEK
GALLERI
HOTELL

DYREHAGE
BOKHANDEL
MARKED
MUSEUM
BAKERI
RESTAURANT
SALONG
SUPERMARKED
TEATER

58 - Música

```
T E G P L V B H Z Z Q B Q X I
I G H K M E L O D I L C L F M
R E G N A S D R P V N A A G P
A L B U M Y D Y K M R O K Q R
J K F M K N E T D F E J O G O
Z L G K Q G D M H S K T V N V
T A H I Q E A E J A I C T I I
O S A Y K S L A K I S U M L S
I S R U S K L R Q F U K A L E
M I M C I L A E L F M I P I R
F S O L R P B P M N H T W P E
U K N J Y K R O A H E G M S W
I W I H L D M I K R O F O N A
B A U X T T N E M U R T S N I
P O E T I S K Y E Y Z Z Y I M
```

ALBUM
BALLADE
SYNGE
SANGER
KLASSISK
KOR
INNSPILLING
HARMONI
IMPROVISERE
INSTRUMENT

LYRISK
MELODI
MIKROFON
MUSIKALSK
MUSIKER
OPERA
POETISK
RYTME
TEMPO
VOKAL

59 - Matemática

```
P A R A L L E L L D Y S P B V
B R Ø K D E L C Y I B Q U V O
H R O V Y F B M G A R S A M L
O Z R T G K B I X M I P N L U
M T N E N O P S K E R Æ F S M
K D B X I R I S X T T P K U W
R V E M N G S X D E E O K U T
E R M S G T U J I R M L I N O
T V E T I R I N V B O Y T E R
S G C L L M D F I B E G E J G
S Y Y U Y O A B S A G O M J E
V I N K L E R L J S R N T M T
S Y M M E T R I O M L A I B L
U S P S V V S T N A K E R T E
R E K T A N G E L D U X A V B
```

ARITMETIKK	GEOMETRI
VINKLER	PARALLELL
OMKRETS	POLYGON
DESIMAL	TORGET
DIAMETER	RADIUS
DIVISJON	REKTANGEL
LIGNING	SYMMETRI
SFÆRE	SUM
EKSPONENT	TREKANT
BRØKDEL	VOLUM

60 - Saúde e Bem Estar #1

```
K  E  T  O  P  A  E  X  V  Q  R  M  R  T  T
G  L  H  U  D  N  B  E  I  N  L  H  E  E  B
P  N  I  S  I  D  E  M  T  K  V  O  F  R  C
M  K  Q  N  S  U  L  T  K  Y  B  R  L  A  H
P  L  E  F  I  A  N  S  A  N  M  M  E  P  N
H  Ø  Y  D  E  K  V  E  N  A  V  O  K  I  D
O  U  L  N  I  D  K  S  R  J  K  N  S  F  W
H  O  L  D  N  I  N  G  L  V  B  E  G  E  L
B  A  K  T  E  R  I  E  O  A  E  R  Z  B  L
W  Q  X  G  W  F  L  V  C  Y  P  R  T  F  B
M  Q  X  Y  K  Y  Z  X  B  B  A  N  U  H  A
C  Q  A  J  G  W  F  L  B  S  U  R  I  V  H
Q  G  Z  K  F  G  D  K  Z  T  J  U  K  N  Q
G  N  I  L  D  N  A  H  E  B  R  U  D  D  G
B  T  O  O  P  E  Q  L  H  S  N  M  C  K  O
```

HØYDE	MEDISIN
AKTIV	NERVER
BAKTERIE	BEIN
KLINIKK	HUD
LEGE	HOLDNING
APOTEK	REFLEKS
SULT	AVSLAPNING
BRUDD	TERAPI
VANE	BEHANDLING
HORMONER	VIRUS

61 - Natureza

```
T  S  U  R  N  J  E  U  Ø  I  G  W  Q  E  P
R  K  P  F  L  Y  Q  H  R  L  K  C  K  I  E
O  J  E  R  B  S  I  K  K  L  Z  V  W  F  S
P  Ø  K  E  V  I  L  L  E  J  G  X  C  K  V
I  N  Å  D  Z  F  G  F  N  E  C  W  J  S  L
S  N  T  E  S  S  I  R  Y  A  U  S  U  X  E
K  H  F  L  G  K  K  S  I  M  A  N  Y  D  R
P  E  F  I  E  M  Y  O  I  C  S  I  Y  R  O
T  T  Y  G  R  K  F  E  G  X  C  L  T  K  S
Q  W  T  N  L  D  Y  R  R  X  E  I  Y  V  J
L  Ø  V  V  E  R  K  A  R  K  T  I  S  K  O
H  E  L  L  I  G  D  O  M  C  A  Y  B  Q  N
V  I  K  T  I  G  J  R  O  L  I  G  I  H  Z
R  O  M  C  P  L  I  V  N  R  P  W  E  U  G
Q  M  L  Q  U  R  C  C  F  G  Z  I  R  G  X
```

BIER	ISBRE
LY	TÅKE
DYR	SKYER
ARKTISK	FREDELIG
SKJØNNHET	ELV
ØRKEN	HELLIGDOM
DYNAMISK	VILL
EROSJON	ROLIG
SKOG	TROPISK
LØVVERK	VIKTIG

62 - A Empresa

```
T G K O I B I F Z M K G X X T
N L R R N E N K R R I S I K O
U O E Y D S V X E A C Y U M Y
M B A K U L E S D M M W Q B S
V A T T S U S E N O X G G V B
P L I E T T T T E T I L A V K
E R V Y R N E O R L Z P Q N Y
N M O V I I R P T X P S U B G
H V P D A N I M U L I G H E T
E C Q E U G N K A T Y C U Q V
T V A B V K G G X V F X G G A
E A G W V I T A V O N N I T S
R I J D K V I R K S O M H E T
P R E S E N T A S J O N G Q V
P H J O S T I N N T E K T E R
```

PRESENTASJON   PRODUKT
KREATIV   FRAMGANG
BESLUTNING   KVALITET
GLOBAL   INNTEKTER
INDUSTRI   RYKTE
INNOVATIV   RISIKO
INVESTERING   TRENDER
VIRKSOMHET   ENHETER
MULIGHET

63 - Doença

```
K R O N I S K M M H Y P P B S
P A W M G N Z A O U J N K E V
K F D P R A W R S R Z E C I A
X G E A E J A V T V D L R N K
A T Y T L Y O E T U O N G T X
G E N O L A Y L I J Y U Y K E
H T E G A R J I M R H E L S E
N I E E X K F G S J Q X A I L
L N E N E I E V T F U L D T M
I U N E W E S L E N N E T E B
H M M R D E P W B L I G T N E
I M W B I I P R I Z A N U E N
Ė I I T A P O R V E N U K G U
C J X U I R R Z Y D X L A U Q
U B G Q C Z K T E R A P I W R
```

AKUTT	BETENNELSE
ALLERGI	LUMBAR
SMITTSOM	NEVROPATI
HJERTE	BEIN
KROPP	PATOGENER
KRONISK	LUNGE
SVAK	LUFTVEIENE
GENETISK	HELSE
ARVELIG	SYNDROM
IMMUNITET	TERAPI

64 - Aquecimento Global

```
H M S R R H G W D Q B I Z P F
A E I G V Å N A I J K N L Y R
B N J L R M I Y S Z X T V K E
I E R X J K R G L S G E W K M
T R F W T Ø E D A T A R E O T
A G R E N O J S A R E N E G I
T I A Q G E G E K P S A K M D
E O P T J C E B S D J S L S F
R M R S F J R M I M Z J R I O
I N D U S T R I T D J O W G R
T J R E S N E V K E S N O K S
K R I S E F X F R L U A S F K
A I V U M Q I P A D I L J N E
D U T V I K L I N G Z M M R R
L O V G I V N I N G C F A Z X
```

NÅ

MILJØ

ARKTISK

FORSKER

KLIMA

KONSEKVENSER

KRISE

DATA

UTVIKLING

ENERGI

FREMTID

GASS

GENERASJONER

REGJERING

HABITATER

INDUSTRI

INTERNASJONAL

LOVGIVNING

65 - Aviões

```
T U R B U L E N S C T G R N P
Z Y A T M O S F Æ R E N E A P
K S G N I N M A T S V A T V M
K O N S T R U K S J O N N I B
Z R O T O M B Q X A P T I G J
H H L F I H A J B R V E N E K
P I L O T I O N G E D G G R P
T E A S F M T L N J N G L E S
I A B M U M I E I S C M N D K
V Æ R P L E T S D A K R P Y S
K J H M D L M N N S B A I Ø M
H I S T O R I E A S P A P H X
N E V E N T Y R L A Q R P Y L
X H E P R M A B D P N J I O F
K K U K G H Y D R O G E N K Y
```

HØYDE	RETNING
LUFT	HYDROGEN
LANDING	HISTORIE
ATMOSFÆRE	MOTOR
EVENTYR	NAVIGERE
BALLONG	PASSASJER
HIMMEL	PILOT
BRENSEL	VÆR
KONSTRUKSJON	MANNSKAP
AVSTAMNING	TURBULENS

66 - Tipos de Cabelo

```
I  K  K  P  K  S  D  J  L  N  N  U  S  B  F
Å  R  G  T  S  R  F  L  L  U  L  W  Ø  Ø  L
R  Ø  F  S  B  R  Ø  L  A  N  G  C  L  L  E
U  L  J  Q  Z  Ø  O  L  E  C  D  S  V  G  T
N  L  C  T  E  T  T  E  L  F  L  K  C  E  T
T  E  F  P  M  I  J  J  R  E  D  A  O  T  E
P  R  A  O  V  V  J  O  V  K  T  L  G  E  R
R  T  R  X  C  H  W  U  D  P  E  L  N  Q  M
D  I  G  M  Y  K  B  R  U  N  U  E  M  Z  N
S  R  E  P  V  B  I  K  Z  Z  A  T  L  K  C
D  V  T  Q  K  C  N  G  M  T  N  J  Z  F  G
S  D  N  O  L  B  E  E  V  W  Y  Q  Y  P  L
S  K  I  N  N  E  N  D  E  L  K  K  C  R  U
E  A  Y  D  Y  O  V  I  P  I  L  K  K  H  Z
S  T  V  L  N  T  R  A  V  S  F  C  S  Q  U
```

HVIT	LANG
SKINNENDE	BRUN
KRØLLER	BØLGETE
SKALLET	SØLV
GRÅ	SVART
FARGET	SUNN
KRØLLET	TØRR
TYNN	MYK
TYKK	FLETTET
BLOND	FLETTER

67 - Formas

```
C U S A I E P T G S D T T I P
G U M U V Y O N E Y I X O M T
R J L N E B L A V O S D T Z H
I D B J D T Y K R P Y Z E O L
I S V V I Q G E U G L K G U S
U M M G M Y O R K X I M R D B
W B T E A D N T Q O N S O F W
H Y P E R B O L A F D B T F B
K Z Y M Y R V E B P E R Æ F S
J S T S P E K K O K R F G B T
E M F I K N C R E L L I P S E
G T L R Y U H I I C Y F F Q J
L J N P W T B S P H Z B C W N
E W X R K D R E N R Ø J H C I
R E K T A N G E L P X H O A L
```

BUE	SIDE
HJØRNE	LINJE
SYLINDER	OVAL
SIRKEL	PYRAMIDE
KJEGLE	POLYGON
KUBE	PRISME
KURVE	TORGET
ELLIPSE	REKTANGEL
SFÆRE	TREKANT
HYPERBOLA	

68 - Criatividade

```
V I T A L I T E T R R T T J P
K F E R D I G H E T Q W E U A
K U I N T U I S J O N K T I B
Y F N O J S A R I P S N I Y V
R T Ø S F Ø L E L S E M S R L
T H Q L T Y L F G T E C I S A
T K B R E N O J S I V P T N K
U H L S Y L E O I S A T N A F
Q X Y Q A G S R X D W F E T A
N W K W K J C E I S T N T N E
B I L D E Y C M R S Y M U O R
O P P F I N N S O M K W A P F
D T A H E G D R A M A T I S K
K L A R H E T I N N T R Y K K
I N T E N S I T E T L J H H H
```

KUNSTNERISK	FANTASI
AUTENTISITET	INNTRYKK
KLARHET	INSPIRASJON
DRAMATISK	INTENSITET
FØLELSER	INTUISJON
SPONTAN	OPPFINNSOM
UTTRYKK	FØLELSE
FLYT	VISJONER
FERDIGHET	VITALITET
BILDE	

69 - Dias e Meses

```
P  J  V  Y  I  J  L  Y  E  F  I  F  A  J  O
L  I  R  P  A  A  R  J  U  L  I  N  V  N  B
Ø  O  E  K  U  N  S  X  P  O  P  P  L  F  M
R  R  D  N  R  U  E  T  H  Q  R  K  X  N  E
D  E  N  Å  M  A  P  R  S  P  W  O  X  T  G
A  B  E  P  G  R  T  D  Ø  U  N  B  D  G  X
G  M  L  Y  G  A  E  E  N  R  G  O  W  K  Y
D  E  A  H  A  U  M  S  D  M  S  U  G  Y  V
F  V  K  B  O  R  B  E  A  A  S  O  A  O  Y
R  O  T  V  O  B  E  M  G  N  A  O  D  K  W
E  N  W  C  P  E  R  B  W  D  X  C  S  T  X
D  Å  J  U  W  F  D  E  G  A  D  S  R  O  T
A  B  R  U  H  A  P  R  X  G  M  G  I  B  Z
G  Y  Z  V  N  K  X  U  F  Y  L  Y  T  E  G
C  V  J  B  R  I  U  U  U  Y  F  C  T  R  J
```

APRIL	MÅNED
AUGUST	NOVEMBER
ÅR	OKTOBER
KALENDER	TORSDAG
DESEMBER	LØRDAG
SØNDAG	MANDAG
FEBRUAR	UKE
JANUAR	SEPTEMBER
JULI	FREDAG
JUNI	TIRSDAG

70 - Saúde e Bem Estar #2

```
S  W  H  I  D  H  F  Z  A  E  F  F  S  R  U
S  Y  A  G  T  Y  M  W  N  I  M  A  T  I  V
U  R  K  R  Ø  M  U  H  L  G  D  Y  T  D  O
N  G  D  E  D  E  H  Y  D  R  E  R  I  N  G
N  N  N  L  H  W  F  X  W  E  T  V  T  V  D
O  Y  H  L  R  U  Y  D  Q  N  X  X  E  U  O
F  C  V  A  C  V  S  R  E  E  P  F  P  K  V
W  F  O  R  D  Ø  Y  E  L  S  E  Y  P  K  T
I  T  S  L  E  D  I  E  T  T  W  O  A  S  H
N  M  S  Y  K  D  O  M  S  H  B  L  O  D  Y
K  R  O  P  P  I  N  F  E  K  S  J  O  N  G
G  W  Y  T  G  E  N  E  T  I  K  K  S  F  I
T  L  X  F  A  W  O  X  K  A  L  O  R  I  E
I  E  O  G  H  N  J  U  F  N  O  A  G  N  N
C  Q  L  E  J  S  A  S  S  A  M  Z  E  V  E
```

ALLERGI
ANATOMI
APPETITT
KALORI
KROPP
DEHYDRERING
DIETT
FORDØYELSE
SYKDOM
ENERGI

GENETIKK
HYGIENE
SYKEHUS
HUMØR
INFEKSJON
MASSASJE
VEKT
BLOD
SUNN
VITAMIN

71 - Geografia

```
A G Q A Q L S B Y G H L T K L
M E R I D I A N O I G E R I E
S D N G B N S O J L X L Z D L
Ø Y B D R S A L T A F E N R V
R Ø L L E J F L Ø D V N K L C
E H J U D R O N U Y E G P E T
L P M I D X O M C O S D D H T
U V H I E N S W K Q T E E D M
K M T Q G G A Q C Q G G V A H
V A K V R R G H H W C R E C G
L Y R K A Q N N F H Q A R C J
A B R T D A F A W A A D D M M
H T E R R I T O R I U M E G R
B T A W A U T N E N I T N O K
X K A Y F J B C G U D Y D W A
```

HØYDE	MERIDIAN
ATLAS	FJELL
BY	VERDEN
KONTINENT	NORD
HALVKULE	VEST
ØY	LAND
BREDDEGRAD	REGION
LENGDEGRAD	ELV
KART	SØR
HAV	TERRITORIUM

72 - Antártica

```
F  T  J  C  B  B  E  V  A  R  I  N  G  E  K
U  O  S  D  I  U  Q  A  O  O  R  K  T  H  H
P  J  R  D  S  T  K  I  T  F  E  O  E  L  Ø
X  I  V  S  K  O  X  T  X  J  N  N  M  O  J
E  S  Q  I  K  T  K  S  H  B  I  T  P  E  L
Ø  Y  E  R  K  E  I  K  I  W  V  I  E  W  I
U  O  I  I  F  A  R  G  O  E  G  N  R  H  M
E  K  S  P  E  D  I  S  J  O  N  E  A  A  I
S  T  E  I  N  E  T  E  B  O  I  N  T  L  G
Q  V  Y  S  W  V  L  P  X  O  P  T  U  V  R
Y  F  C  K  P  H  I  V  A  N  N  F  R  Ø  A
V  I  T  E  N  S  K  A  P  E  L  I  G  Y  S
N  M  E  A  I  S  I  S  B  R  E  E  R  Q  J
M  I  N  E  R  A  L  E  R  Q  W  A  H  L  O
T  O  P  O  G  R  A  F  I  X  G  P  S  E  N
```

MILJØ	GEOGRAFI
VANN	ØYER
BUKT	FORSKER
VITENSKAPELIG	MIGRASJON
BEVARING	MINERALER
KONTINENT	HALVØY
VIK	PINGVINER
EKSPEDISJON	STEINETE
ISBREER	TEMPERATUR
IS	TOPOGRAFI

73 - Flores

```
I  I  Y  Y  J  V  A  G  T  S  G  L  Z  T  P
R  Z  K  E  D  R  F  C  T  O  A  Ø  U  U  L
Z  R  E  V  A  L  M  U  E  L  R  V  N  S  U
N  I  M  S  A  J  S  C  K  S  D  E  W  E  M
M  A  G  N  O  L  I  A  U  I  E  T  J  N  E
E  L  I  H  J  R  E  Q  B  K  N  A  B  F  R
J  L  E  D  N  E  V  A  L  K  I  N  L  R  I
L  I  L  J  E  P  E  O  N  E  A  N  M  Y  A
I  L  H  I  B  I  S  K  U  S  K  I  Y  D  J
L  U  E  A  H  O  R  K  I  D  É  P  T  O  U
E  G  W  H  J  U  O  E  T  U  L  I  P  A  N
K  C  L  T  A  Q  V  A  O  K  L  Ø  V  E  R
S  P  N  Y  D  C  Y  B  W  K  O  L  Y  A  U
Å  H  T  M  K  R  O  N  B  L  A  D  S  E  N
P  I  W  A  R  V  R  N  L  W  I  Z  L  U  D
```

BUKETT	TUSENFRYD
LØVETANN	PÅSKELILJE
GARDENIA	ORKIDÉ
SOLSIKKE	VALMUE
HIBISKUS	PEON
SJASMIN	KRONBLAD
LAVENDEL	PLUMERIA
LILLA	ROSE
LILJE	KLØVER
MAGNOLIA	TULIPAN

74 - Fazenda #1

```
T  Q  A  V  I  X  H  O  N  N  I  N  G  R  Q
W  G  R  M  H  A  G  Y  S  M  K  K  O  L  F
K  Y  L  L  I  N  G  K  G  E  P  A  D  E  G
Z  Z  S  J  A  N  W  A  G  O  U  L  M  S  T
H  D  N  G  R  I  S  T  O  U  L  V  M  D  S
A  K  V  E  Q  I  A  T  E  Z  T  W  E  Ø  P
U  S  R  V  A  N  N  H  R  I  S  T  S  J  C
S  T  G  Å  G  E  I  T  H  Ø  Y  D  E  G  A
W  U  D  E  K  U  R  B  D  N  A  L  L  K  X
X  M  H  V  F  E  D  R  E  J  G  L  F  U  F
A  W  N  U  U  O  O  B  A  V  A  M  O  R  E
H  S  S  A  N  R  I  I  L  E  J  S  A  R  L
B  E  B  E  T  D  X  U  D  N  U  O  F  T  T
P  I  S  D  Q  R  G  P  W  B  A  T  L  N  X
Y  B  K  T  R  W  G  E  R  P  P  A  A  H  X
```

BIE	GJERDE
LANDBRUK	KRÅKE
RIS	HØY
VANN	GJØDSEL
KALV	KYLLING
ESEL	KATT
GEIT	HONNING
FELT	GRIS
HEST	FLOKK
HUND	KU

75 - Livros

```
M  M  G  A  A  I  K  D  Z  C  G  G  W  Q  E
B  F  A  M  K  M  S  A  U  R  O  M  A  N  I
R  D  H  V  T  K  I  D  S  A  L  U  U  T  Q
E  J  H  X  U  H  G  G  N  I  L  M  A  S  S
T  Q  V  C  E  L  A  A  P  J  D  I  V  D  Z
T  Y  F  I  L  F  R  L  F  E  S  E  T  R  C
A  P  H  O  L  T  T  Q  I  P  B  L  C  E  A
F  O  R  T  E  L  L  E  R  I  K  R  X  S  T
R  S  Æ  S  H  D  M  P  D  S  P  G  M  E  W
O  K  R  K  E  Z  A  S  N  K  A  L  V  L  H
F  R  E  E  P  C  C  E  E  V  E  N  T  Y  R
F  E  T  T  M  O  S  N  N  I  F  P  P  O  W
Q  V  T  N  J  P  E  I  W  N  S  E  R  I  E
T  E  I  O  J  I  K  S  I  R  O  T  S  I  H
K  T  L  K  A  P  T  E  I  R  O  T  S  I  H
```

FORFATTER	LESER
EVENTYR	LITTERÆR
SAMLING	FORTELLER
KONTEKST	SIDE
DUALITET	DIKT
SKREVET	POESI
EPISK	AKTUELL
HISTORIE	ROMAN
HISTORISK	SERIE
OPPFINNSOM	TRAGISK

76 - Governo

```
X D I S T R I K T E H I R F P
T E H G I D R E F T T E R V O
U R G T N E M U N O M N E R L
A P I H J I F R V N S A D E I
V F L N S T L B C C I S E T T
H J R O Y F J L S C V J L T I
E X V E V R H Y I I I O D S K
N F P S D B V T U T L N E L K
G N H R I E O O K A S F M I V
I L L Q K I L Y K T J E O G M
G T A L E J N I Q S T F K E H
H V B A Z R N Y G Q Y O R I H
E P N O J S U K S I D P A U L
T J B T D E R G L C P N T N W
S Y M B O L G T J A U Y I W I
```

SIVIL   RETTFERDIGHET
GRUNNLOV   LOV
DEMOKRATI   FRIHET
TALE   LEDER
DISKUSJON   MONUMENT
DISTRIKT   NASJON
STAT   FREDELIG
LIKESTILLING   POLITIKK
UAVHENGIGHET   SYMBOL
RETTSLIG

77 - Jardinagem

```
B  L  O  M  S  T  E  R  O  L  S  F  D  C  G
F  U  K  T  I  G  H  E  T  M  P  Z  R  Q  U
L  A  B  E  H  O  L  D  E  R  I  C  Y  Ø  G
X  W  Y  M  G  H  I  R  B  S  S  V  A  N  N
S  K  I  T  T  N  Y  O  L  E  E  Q  M  Y  W
W  L  T  S  I  U  A  J  A  S  L  B  I  O  V
L  Ø  V  V  E  R  K  L  D  O  I  U  L  K  E
E  H  U  T  A  I  Z  C  S  N  G  K  K  Z  G
R  K  S  I  N  A  T  O  B  G  C  E  D  N  A
T  S  S  Y  B  L  R  U  B  M  H  T  W  D  H
S  P  M  O  Q  J  A  S  M  E  U  T  E  G  T
M  O  W  X  T  Y  V  N  T  S  O  P  M  O  K
O  L  Y  W  B  I  N  E  V  S  S  P  R  R  U
L  I  W  H  J  H  S  M  O  I  B  U  V  X  R
B  M  R  Y  V  K  S  K  D  G  D  R  O  L  F
```

VANN	BLAD
BOTANISK	LØVVERK
BUKETT	SLANGE
KLIMA	FRUKTHAGE
SPISELIG	BEHOLDER
KOMPOST	SESONGMESSIG
ART	FRØ
EKSOTISK	JORD
BLOMSTRE	SKITT
BLOMSTER	FUKTIGHET

78 - Profissões #2

```
F K Q D K L C I U G I P P T I
G O I O H W B D P C N J S S L
J A R R E N T R A G G P T I L
E R E S U R F E V T E G E L U
M E L B K R K R H J N Q G A S
I N A K N E G Æ T I I R A N T
B N M M O X R L U Q Ø Q U R R
A I T S I V G N I L R H Z U A
Z F O S O L I F B O N D E O T
O P L L A S T R O N A U T J Ø
O P I K O F O T O G R A F W R
L O P Y E G E L N N A T V W G
O J B I B L I O T E K A R D S
G P K L N E O T M G M Q B G N
W A N P B O P P C V T R J A E
```

BONDE
ASTRONAUT
BIBLIOTEKAR
BIOLOG
KIRURG
TANNLEGE
INGENIØR
FILOSOF
FOTOGRAF
ILLUSTRATØR

OPPFINNER
FORSKER
GARTNER
JOURNALIST
LINGVIST
LEGE
PILOT
MALER
LÆRER
ZOOLOG

79 - Negócios

```
A  R  B  E  I  D  S  G  I  V  E  R  V  G  X
R  D  K  A  R  R  I  E  R  E  Z  U  A  Z  E
K  M  J  Z  U  Y  P  M  E  R  O  L  L  O  E
I  N  V  E  S  T  E  R  I  N  G  J  U  L  B
B  T  T  A  B  A  R  O  T  N  O  K  T  H  Z
P  K  K  I  R  B  A  F  C  W  R  I  A  U  X
B  E  S  H  G  A  Q  P  S  A  N  S  A  T  T
U  T  N  I  R  F  M  X  X  E  T  E  H  Z  L
D  N  A  G  F  O  E  D  C  V  L  T  Y  Q  M
S  N  N  L  E  M  W  Z  T  Y  L  S  E  Q  N
J  I  I  A  T  R  E  T  T  A  K  S  K  X  M
E  P  F  S  S  P  R  O  F  I  T  T  I  A  F
T  V  I  M  O  N  O  K  Ø  I  X  X  U  S  P
T  H  W  W  K  K  I  T  U  B  L  G  U  Z  E
H  A  N  D  E  L  S  V  A  R  E  R  L  M  P
```

KARRIERE	FINANS
KOSTE	SKATTER
RABATT	INVESTERING
PENGER	BUTIKK
ØKONOMI	PROFITT
ANSATT	HANDELSVARER
ARBEIDSGIVER	VALUTA
SELSKAP	BUDSJETT
KONTOR	INNTEKT
FABRIKK	SALG

80 - Fazenda #2

```
V G R Ø N N S A K Z H T L X B
V A M A L C V T C Y Q V R T Y
R T N K L M N A U X L D E F G
A Q J N H R E X D M F C G T G
E B U K I B M V G R R L A K E
Y M A L L N L O I P U T H S D
B D S E Z W G A D F K W T Y R
K H I M M V G G N E T G K L Y
K Y L Z X Y E Z A D N B U V H
O L M V I C H E H N R V R C D
R O T K A R T H V O M D F H E
N O C V L Å V E R B B R A Y D
D N E U H F M J N P J O J W Y
Z J O E I T N H B N N A E G R
A E F U T G W Y M O O L C B J
```

BONDE	MODEN
DYR	KORN
LÅVE	SAU
BYGG	HYRDE
BIKUBE	AND
LAM	FRUKTHAGE
FRUKT	ENG
VANNING	TRAKTOR
MELK	HVETE
LAMA	GRØNNSAK

81 - Jardim

```
H  F  P  E  S  I  P  T  E  R  R  A  S  S  E
B  A  Q  D  P  C  L  T  S  A  W  G  E  S  G
U  H  G  M  A  O  E  B  O  H  G  G  V  E  M
S  E  K  E  D  E  N  I  L  O  P  M  A  R  T
K  N  H  C  E  V  Z  V  G  V  D  Y  K  G  S
T  G  F  B  Z  I  Z  F  R  A  O  M  Y  A  M
F  E  N  E  Z  N  O  Y  C  A  R  D  J  P  O
R  K  K  B  F  T  X  V  R  K  A  A  I  L
U  Ø  T  E  B  R  F  E  F  T  D  E  S  Z  B
K  Y  R  N  A  E  V  R  X  M  A  L  O  J  P
T  E  E  K  J  E  T  A  A  E  M  F  G  Y  E
H  T  I  U  G  T  B  N  L  N  J  E  U  R  V
A  G  C  Z  J  Z  T  D  O  O  K  P  A  A
G  G  E  D  V  A  C  A  K  G  R  P  J  F  X
E  A  X  E  S  L  A  N  G  E  D  R  E  J  G
```

RAKE	DAM
BUSK	HENGEKØYE
TRE	SLANGE
BENK	SPADE
GJERDE	FRUKTHAGE
BLOMST	JORD
GARASJE	TERRASSE
GRESS	TRAMPOLINE
PLEN	VERANDA
HAGE	VINTREET

82 - Oceano

```
E I C K R D E H D I V Y B Ø D
M I Z C K F D V N I C W K S R
R E V F Z D P A H Q L U E T D
O B K S I F A L L A R O K E T
T I N E I G S A L T H A I R Q
S O G M R C Z E B B A R K S N
T U N F I S K E Å P P L Z P W
I V L Q S B V B T M V X M L C
C Z R V E U N B C P M A V S B
I N N W V T I S Ø A Y A X D D
S K I L P A D D E L Y H N M J
R E F Å V G E N Z P G T W E N
Q H L U F F Q N N A V E D I T
B L E K K S P R U T D H R D F
D T D D U V T G T U R H V G U
```

TUNFISK	MANET
HVAL	BØLGER
BÅT	ØSTERS
REKE	FISK
KRABBE	BLEKKSPRUT
KORALL	REV
ÅL	SALT
SVAMP	SKILPADDE
DELFIN	STORM
TIDEVANN	HAI

83 - Profissões #1

```
A  B  R  A  N  N  M  A  N  N  Q  G  Z  Y  V
A  M  B  A  S  S  A  D  Ø  R  B  E  R  D  M
K  Z  A  Y  E  Q  W  M  H  U  C  O  Æ  I  M
S  A  X  D  D  E  J  O  V  C  F  L  N  B  C
Y  B  R  J  T  S  I  N  A  I  P  O  I  Z  Q
K  A  E  T  Z  B  A  O  Q  W  R  G  R  H  Q
E  N  S  A  O  R  Ø  R  L  E  G  G  E  R  S
P  K  N  K  S  G  R  T  U  A  K  B  T  E  J
L  I  A  O  W  G  R  S  M  N  T  K  E  K  Ø
E  E  D  V  P  W  R  A  C  U  H  L  V  S  M
I  R  I  D  B  Z  K  Y  F  A  S  V  T  R  A
E  Z  C  A  J  E  G  E  R  V  Z  I  F  O  N
R  G  U  L  L  S  M  E  D  U  J  L  K  F  N
K  U  N  S  T  N  E  R  Ø  T  K  A  D  E  R
P  S  Y  K  O  L  O  G  G  N  T  J  E  O  R
```

ADVOKAT	AMBASSADØR
KUNSTNER	RØRLEGGER
ASTRONOM	SYKEPLEIER
BANKIER	GEOLOG
BRANNMANN	GULLSMED
JEGER	SJØMANN
KARTOGRAF	MUSIKER
FORSKER	PIANIST
DANSER	PSYKOLOG
REDAKTØR	VETERINÆR

84 - Força e Gravidade

```
G F V S F G W V M X Y R M H U
G I I E R P D N A T S V A A T
V X G N I K U U W C B D G S V
I V R T K E V F D Z I K N T I
J D F R S S E R P C T B E I D
M E W U J C I P J F D F T G E
F F G M O S G M X Y M I I H L
Z B C J N U B G A T I D S E S
M E K A N I K K X N M N M T E
O P P D A G E L S E Y P E F O
E S L E G E V E B Z Y D U U S
I N N V I R K N I N G J O Z Q
P L A N E T E R X F S Q A T N
U I W B C H P G F Y S I K K G
D A K S E R E P A K S N E G E
```

FRIKSJON	MEKANIKK
SENTRUM	BEVEGELSE
OPPDAGELSE	BANE
DYNAMISK	VEKT
AVSTAND	PLANETER
AKSER	PRESS
UTVIDELSE	EGENSKAPER
FYSIKK	HASTIGHET
INNVIRKNING	TID
MAGNETISME	

85 - Abelhas

```
I  M  G  P  S  V  Y  K  E  V  B  F  M  C  U
L  H  U  Z  Z  V  Q  E  R  I  L  R  F  G  Y
R  I  N  L  X  Ø  E  P  T  N  O  U  B  L  M
U  W  S  P  E  K  B  R  S  G  M  K  Y  Ø  R
B  H  T  N  V  O  U  E  M  E  S  T  Z  O  P
F  X  I  K  O  S  K  T  O  R  T  Y  U  C  P
H  N  G  D  K  Y  I  N  L  N  E  L  L  O  P
M  A  W  G  S  S  B  A  B  C  R  H  H  Q  N
A  X  B  N  Z  T  H  L  G  S  O  L  A  R  W
N  C  Z  I  B  E  S  P  N  S  P  M  Z  G  D
G  W  W  N  T  M  F  A  I  N  S  E  K  T  E
F  I  X  N  W  A  D  J  N  F  N  G  S  W  I
O  L  A  O  M  I  T  W  N  P  U  W  Z  Z  H
L  N  Z  R  P  D  D  R  O  P  J  G  S  G  C
D  P  Z  D  G  G  V  X  H  K  F  B  W  D  Z
```

VINGER   RØYK
GUNSTIG   HABITAT
VOKS   INSEKT
BIKUBE   HAGE
MANGFOLD   HONNING
ØKOSYSTEM   PLANTER
SVERM   POLLEN
BLOMSTRE   DRONNING
BLOMSTER   SOL
FRUKT

86 - Ciência

```
L S A X M T R E L Y K E L O M
F A E V O L U S J O N U F A E
D A B E M I N E R A L E R V T
A B K O J W E M S I N A G R O
T P K T R E S Q Y S D F P U D
A L I B U A E I A L I O B T E
Y A S J J M T M U N B S A A K
B N Y M N I O O F E T S N N J
Y T F D Y L P F R G Q I A X E
H E T U C K Y E O I L L T S M
P R J S G U H L C R U T O Z I
P A R T I K L E R Y S M M O S
T Y N G D E K R A F T K R J K
A U P X H C N R Z Y F V E E M
O B S E R V A S J O N U N R B
```

ATOM	LABORATORIUM
FORSKER	METODE
KLIMA	MINERALER
DATA	MOLEKYLER
EVOLUSJON	NATUR
FAKTUM	OBSERVASJON
FYSIKK	ORGANISME
FOSSILT	PARTIKLER
TYNGDEKRAFT	PLANTER
HYPOTESE	KJEMISK

87 - Comida #1

```
S J S A G B S W K Ø L T I V H
P O F E U M A T O A G Y U S W
I R P G L W K S I F N U T G D
N D N O R T I S I X X E P E N
A B M S O L E R H L F K L X O
T Æ E U T A L A S K I A N Q V
T R L K K S B R P I A K U D K
Ø Y K K O N I H L V L J U K L
N O V E P P U S D Z L U E M Ø
A N S R K G O O B H C I U Q K
E C J K T L E K N Y E C Q R K
P E Y P W W O I T W G E L B L
T A C W S W P R Y F S G Z D X
O S T W Q N W P L D S W S C K
R W G C T V F A B A Q B L G Q
```

SUKKER	SPINAT
HVITLØK	MELK
PEANØTT	SITRON
TUNFISK	BASILIKUM
KAKE	JORDBÆR
KANEL	NEPE
LØK	SALT
GULROT	SALAT
BYGG	SUPPE
APRIKOS	JUICE

88 - Geometria

```
H S Y M M E T R I V K H V N L
N O J S N E M I D E B U I Z E
K P R F R Q I B N R O U N K K
T W K I L U N Q L T D S K X R
R G Y X S A R K L I Z B E Q I
A B X F X O T B E K H R L V S
V E D Y Ø H N E L A E S M R E
Y R T Y L R Y T L L T J A G G
E E W T Y J M D A E R A S L M
J G E W E H B Y R L R N S O E
V N P F P O E B A P W A E G N
R I L P W C R W P C Y I Q I T
H N K U R V E I J Z J D I K E
N G N I N G I L A N D E L K T
T R E K A N T R E T E M A I D
```

HØYDE
VINKEL
BEREGNING
SIRKEL
KURVE
DIAMETER
DIMENSJON
LIGNING
HORISONTAL
LOGIKK

MASSE
MEDIAN
PARALLELL
ANDEL
SEGMENTET
SYMMETRI
FLATE
TEORI
TREKANT
VERTIKAL

89 - Pássaros

```
N E K W P B X A S F Q K F H F
E K Å M T Å V O I M E Y Y E L
N Ø V H O Z F U N Z Y L U G A
A J M M U P K U R B Z L K R M
V G B A C I M N G H G I K E I
S W O P A U Y Z G L Å N R Q N
D T P L N V O X E G S G Å W G
P E R X K R O T S C E C K G O
F B D U V U L I A T I E X H
Ø R N B T P E L I K A N D U E
G F I Q Q S P A P E G Ø Y E D
P I N G V I N U Z B P D M Z N
O H T X T T T N A Y F L M U A
H E H J R U H T J P I N N L B
W V L X O G S A C Y N F I V S
```

STRUTS   HEGRE
ØRN   EGG
STORK   PAPEGØYE
SVANEN   SPURV
KRÅKE   AND
GJØK   PÅFUGL
FLAMINGO   PELIKAN
KYLLING   PINGVIN
MÅKE   DUE
GÅS   TOUCAN

90 - Literatura

```
P  V  S  U  F  O  R  T  E  L  L  E  R  H  B
B  E  S  K  R  I  V  E  L  S  E  S  Y  K  R
Y  M  T  R  A  G  E  D  I  E  U  N  C  O  L
U  E  T  O  D  K  E  N  A  D  I  A  L  O  G
L  N  O  J  S  U  L  K  N  O  K  M  Z  W  B
D  I  G  W  S  M  Q  A  U  V  E  O  R  T  I
Z  N  T  P  X  L  O  P  N  I  S  R  Y  M  O
M  G  K  S  I  T  E  O  P  A  Y  I  T  N  G
W  E  T  E  M  A  F  T  Z  J  L  M  M  B  R
G  J  T  M  H  T  U  Y  C  S  A  O  E  A  A
N  S  J  A  J  Q  B  A  P  F  N  F  G  D  F
D  I  K  T  F  I  J  T  R  I  A  G  C  I  I
U  P  X  F  L  O  F  O  R  F  A  T  T  E  R
M  V  D  F  M  T  R  P  T  K  N  F  N  U  P
S  A  M  M  E  N  L  I  G  N  I  N  G  D  D
```

ANALOGI	METAFOR
ANALYSE	FORTELLER
ANEKDOTE	MENING
FORFATTER	DIKT
BIOGRAFI	POETISK
SAMMENLIGNING	RIM
KONKLUSJON	RYTME
BESKRIVELSE	ROMAN
DIALOG	TEMA
STIL	TRAGEDIE

91 - Química

```
U  Y  L  W  Z  S  U  V  N  S  D  L  H  R  R
K  S  I  N  A  G  R  O  Æ  F  F  B  X  C  V
Z  S  X  O  X  T  W  Æ  R  S  T  X  X  L  E
B  A  N  Z  N  W  T  H  E  T  K  V  S  H  B
J  G  Y  Y  A  Y  L  Z  U  L  D  E  Y  T  D
E  L  E  K  T  R  O  N  G  A  K  J  R  L  E
M  O  L  E  K  Y  L  E  E  S  S  U  E  Q  L
R  X  S  A  H  R  Q  G  R  Z  I  P  N  Z  E
A  I  H  H  N  H  T  Y  M  D  L  R  S  N  M
V  I  T  R  O  T  A  S  Y  L  A  T  A  K  E
K  V  Q  C  B  N  D  K  Z  N  K  G  J  I  N
L  E  J  X  R  O  O  O  N  T  L  E  Z  V  T
O  K  W  C  A  Z  N  X  E  O  A  Q  H  R  E
R  T  C  A  K  H  Y  D  R  O  G  E  N  W  R
T  E  M  P  E  R  A  T  U  R  W  Z  E  M  T
```

ALKALISK	HYDROGEN
SYRE	ION
VARME	VÆSKE
KARBON	MOLEKYL
KATALYSATOR	NUKLEÆR
KLOR	ORGANISK
ELEMENTER	OKSYGEN
ELEKTRON	VEKT
ENZYM	SALT
GASS	TEMPERATUR

92 - Clima

```
O  S  W  L  T  Q  U  X  P  C  Y  C  H  R  Z
H  R  F  R  Y  R  H  I  M  M  E  L  A  E  M
T  U  K  U  K  N  O  D  A  N  R  O  T  G  A
U  T  W  A  S  E  Y  P  M  Z  T  X  Z  N  T
W  A  Y  C  N  D  D  N  I  V  W  A  T  B  Å
T  R  G  Q  U  R  J  I  L  S  I  R  B  U  K
Q  E  D  W  S  O  X  A  K  I  K  I  I  E  E
L  P  R  O  N  T  W  F  T  T  C  Q  T  E  O
K  M  U  Y  O  Z  N  R  S  M  R  Q  N  V  F
T  E  C  V  M  E  C  A  Y  Z  B  J  R  H  E
Ø  T  W  C  R  I  Q  J  E  W  E  I  O  N  K
R  S  L  H  O  R  Q  O  J  K  S  G  N  Z  X
K  A  Y  M  T  C  K  C  M  N  T  Ø  R  R  O
E  R  Æ  F  S  O  M  T  A  N  P  O  L  A  R
V  R  G  B  L  N  W  R  D  J  V  B  G  N  D
```

REGNBUE
ATMOSFÆRE
BRIS
HIMMEL
KLIMA
ORKAN
IS
MONSUN
TÅKE
SKY

POLAR
LYN
TØRKE
TØRR
TEMPERATUR
STORM
TORNADO
TROPISK
TORDEN
VIND

93 - Tecnologia

```
I  G  A  K  R  H  M  W  K  L  J  F  U  M  V
P  N  G  S  E  C  R  N  K  U  D  F  W  A  A
R  I  T  V  D  D  I  G  I  T  A  L  T  R  K
O  N  R  E  S  E  L  T  T  E  N  K  G  K  F
G  K  M  D  R  U  G  A  S  E  N  V  K  Ø  I
R  S  A  E  A  N  X  F  I  J  C  X  G  R  L
A  R  M  T  L  R  E  R  T  F  I  R  K  S  E
M  O  T  Y  H  D  L  T  A  R  E  M  A  K  E
V  F  N  B  S  C  I  K  T  B  L  O  G  G  V
A  T  A  D  V  K  A  N  S  X  X  R  C  S  I
R  I  K  V  O  W  J  A  G  G  V  E  G  H  R
E  I  O  P  T  F  X  E  T  L  Y  P  A  I  U
V  L  Z  P  A  A  I  T  R  R  N  E  I  Y  S
S  I  K  K  E  R  H  E  T  M  E  S  H  G  J
V  I  R  T  U  E  L  L  Z  C  E  O  C  D  O
```

FIL	INTERNETT
BLOGG	MELDING
BYTE	NETTLESER
KAMERA	FORSKNING
MARKØR	SIKKERHET
DATA	PROGRAMVARE
DIGITALT	SKJERM
STATISTIKK	VIRTUELL
SKRIFT	VIRUS

94 - Arte

```
X  C  S  O  P  U  D  B  X  Æ  O  O  R  S  M
P  O  E  S  I  E  K  K  Y  R  T  T  U  A  A
L  M  N  N  F  K  R  K  K  L  X  D  T  M  L
E  J  M  W  U  O  Ø  S  Y  I  E  T  P  M  E
Q  N  E  R  R  M  M  I  O  G  R  R  L  E  R
A  Z  K  H  A  P  U  M  Q  N  D  E  U  N  I
Q  J  P  E  Z  L  H  A  W  A  L  R  K  S  E
K  T  C  A  L  E  H  R  Q  P  I  I  S  E  R
S  K  A  P  E  K  L  E  F  Q  K  P  G  T  U
Z  A  C  V  M  S  L  K  J  F  S  S  R  N  G
G  A  O  R  I  G  I  N  A  L  Y  N  Y  I  I
V  I  S  U  E  L  L  I  O  Y  M  I  K  N  F
L  K  Q  X  P  N  N  S  W  Y  B  C  J  G  H
Q  H  C  Y  S  K  X  C  Q  S  O  C  A  O  D
S  A  C  W  S  V  R  C  M  J  L  O  S  F  B
```

KERAMISK	ORIGINAL
KOMPLEKS	PERSONLIG
SAMMENSETNING	MALERIER
SKAPE	POESI
SKULPTUR	SKILDRE
UTTRYKK	ENKEL
FIGUR	SYMBOL
ÆRLIG	EMNE
HUMØR	VISUELL
INSPIRERT	

95 - Diplomacia

```
V E D T A K R K R S P R Å K H
L Z Y O D W L Å Ø C H X O R R
R S C W K K Ø T D D K Z E T C
S A A T S I S E A G K P B A K
I I M M I N N S S I R D T O
K N R B T O I N S C T V I K N
K T E B A J N U A Y I B E A F
E E G O M S G F B Y L P B R L
R G J R O U S M M E O G R T I
H R E G L K X A A V P W A X K
E I R E P S X S D V J K M D T
T T I R I I Z Q S E B K A Q Q
Q E N E D D T V Q E F I S Q B
G T G Y B H U M A N I T Æ R O
T E H G I D R E F T T E R A L
```

BORGERE	REGJERING
SAMFUNNET	HUMANITÆR
KONFLIKT	INTEGRITET
RÅDGIVER	RETTFERDIGHET
SAMARBEID	SPRÅK
DIPLOMATISK	POLITIKK
DISKUSJON	VEDTAK
AMBASSADE	SIKKERHET
AMBASSADØR	LØSNING
ETIKK	TRAKTAT

96 - Comida # 2

```
D S T J I O Y E Q E G G C C Z
R G C K P P O S N L E D N A M
U Y S I R O G S A P I N R C K
E Y O W J L H N S E E F Z P Y
W A W I X P U K G N O C Y L
B H E L S K R Q K S I Y N U L
A R J O B J T S O I G N X R I
N N S K Q T O O N F R A K H N
A N F K Z X O K C X E R P E G
N K U O M Q J M O P B X C V W
B W M R F V I B A L U T S L P
R R Æ B E S R I K T A N K O J
H Q M I F I N A O B D D Y I I
A R T I S J O K K R P O E U O
K H V E T E V U R J E V N J A
```

ARTISJOKK

MANDEL

RIS

BANAN

AUBERGINE

BROKKOLI

KIRSEBÆR

SJOKOLADE

SOPP

KYLLING

YOGHURT

KIWI

EPLE

EGG

FISK

SKINKE

OST

TOMAT

HVETE

DRUE

97 - Universo

```
E  K  V  A  T  O  R  O  A  R  D  G  N  L  K
M  Å  N  E  N  A  B  B  S  Q  I  A  P  E  O
H  A  L  V  K  U  L  E  T  D  S  L  F  N  S
P  U  Q  Q  O  T  I  Y  R  A  Y  A  F  G  M
N  B  K  Z  P  E  Z  T  O  R  N  X  Y  D  I
K  D  L  E  W  R  X  A  N  G  L  Y  Q  E  S
U  I  E  D  E  V  R  H  O  E  I  B  H  G  K
R  T  M  I  S  Y  P  E  M  D  G  O  O  R  D
A  T  M  O  S  F  Æ  R  E  D  K  D  R  A  N
L  G  I  R  N  S  O  L  V  E  R  V  I  D  E
O  E  H  E  L  O  H  J  T  R  P  G  S  S  K
S  T  J  T  L  X  R  Y  Q  B  W  W  O  Q  Z
N  T  B  S  S  H  T  T  W  A  E  S  N  U  D
V  S  E  A  O  P  O  K  S  E  L  E  T  G  N
H  I  M  M  E  L  S  K  W  A  I  Q  K  Z  L
```

ASTEROIDE	HORISONT
ASTRONOMI	BREDDEGRAD
ASTRONOM	LENGDEGRAD
ATMOSFÆRE	MÅNE
HIMMELSK	BANE
HIMMEL	SOLAR
KOSMISK	SOLVERV
EKVATOR	TELESKOP
GALAXY	SYNLIG
HALVKULE	

98 - Jazz

```
K S T K E V B E R Ø M T H F X
K A R E N T S N U K A N P R D
B M O V Z R S T I L K O R E Y
S M M Z L E M M A G G J E T T
J E M F E S A P H M Y S T S X
A N E Q L N P L M R U A T E M
N S R M E O P R B M U S I K K
G E T T K K R Y N U J I R R H
E T D A E Z A T Q C M V O O S
R N O V L K A M R J J O V H A
G I B B C E N E F O M R A U O
Q N J G X O N I O U H P F A P
I G N A S B G T K R G M S P I
R M Q B N Y W J C K Y I L N E
J K V J E K O M P O N I S T I
```

KUNSTNER
ALBUM
TROMMER
SANG
SAMMENSETNING
KOMPONIST
KONSERT
STIL
VEKT
BERØMT

FAVORITTER
SJANGER
IMPROVISASJON
MUSIKK
NY
ORKESTER
RYTME
TALENT
TEKNIKK
GAMMEL

99 - Barcos

```
M Z X D I L G K U V Q V N V T
S A K J S M S I L E O R Y C I
E J S M E B N M A R I T I M D
I P J T M K K A J A K G R A E
L Y T P N W X L U T X N X B V
B T Y T Q O F V A T N K L Ø A
Å Y A C H T L E T R I O X L N
T Q I Y T Q Å T X Z U S A G N
Z V H Z V I T U F L S H K E K
P L Ø O R R E K N A H I Y R A
F E R J E L F X P Y A Y N N N
R Y O D S Q T D C J V R Z N O
Y Ø T I N N M A N N S K A P J
A B O C P K N N A M Ø J S F X
E S M V B O M I E D A L X E S
```

ANKER	TIDEVANN
FERJE	SJØMANN
BØYE	MARITIM
KAJAKK	MAST
KANO	MOTOR
TAU	NAUTISK
YACHT	BØLGER
FLÅTE	ELV
INNSJØ	MANNSKAP
HAV	SEILBÅT

100 - Mamíferos

```
C R U E E J S S S B Z P N K K
C L C L G K I A I J A Z Y N A
Y K P E Z O R R U F I W Y R M
R Y T F B R I B T G R R L K E
M E V A S M K E O O U E A H L
S X C N H V A S J R X V V F L
O X Y T Q D N U H I C E H P F
P N D L J J I I U L A B L R A
L K O K S E N S X L P S V Æ B
D Ø K E W Z I K K A E F W R C
A E V E R K F U C C U F J I Z
Q L Z E H X L F T U L Z X E V
X M C O W H E S T E V Y L U Q
M C M X L D D J A Z B Q J L J
K E N G U R U W K T F M A V S
```

HVAL	SJIRAFF
KAMEL	DELFIN
KENGURU	GORILLA
BEVER	LØVE
HEST	ULV
HUND	APE
KANIN	SAU
PRÆRIEULV	REV
ELEFANT	OKSE
KATT	SEBRA

1 - Dirigindo

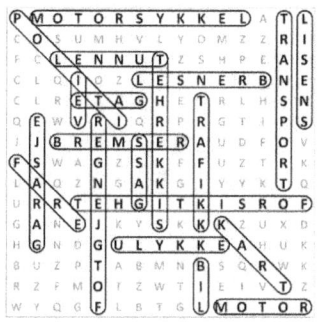

2 - Antiguidades

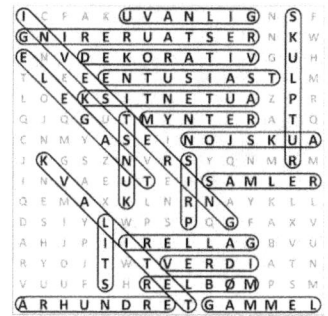

3 - Churrascos

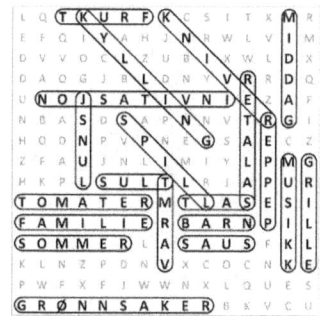

4 - Pesca

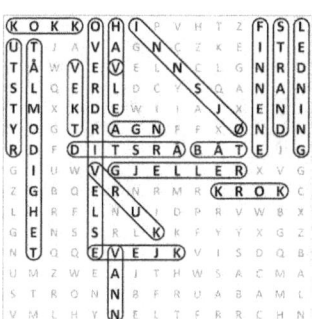

5 - Geologia

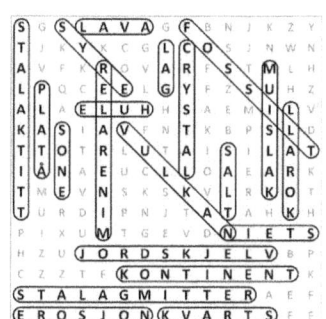

6 - Tempo

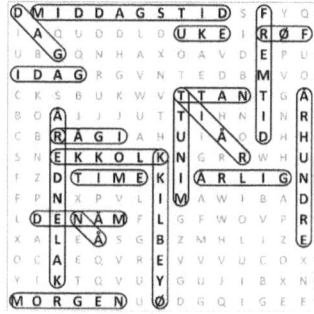

7 - Astronomia

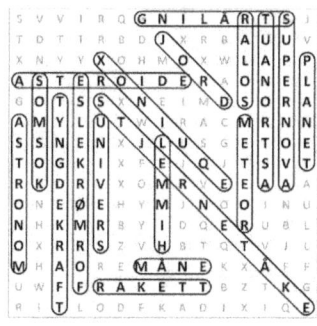

8 - Acampamento

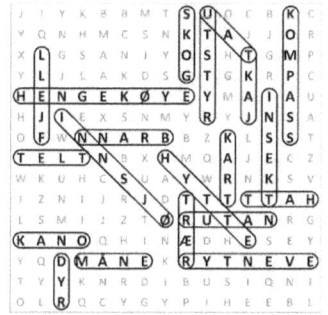

9 - Ficção Científica

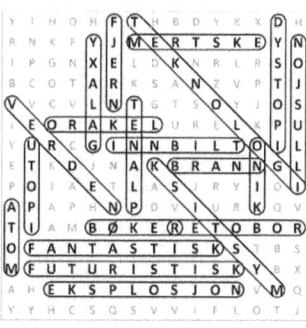

10 - Mitologia

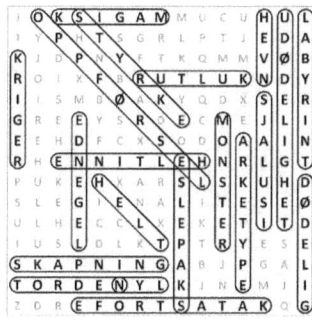

11 - Medições

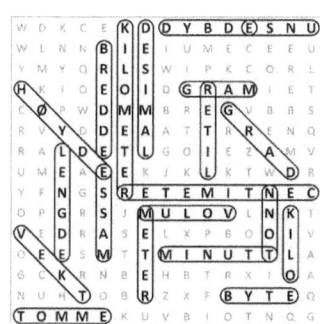

12 - Álgebra

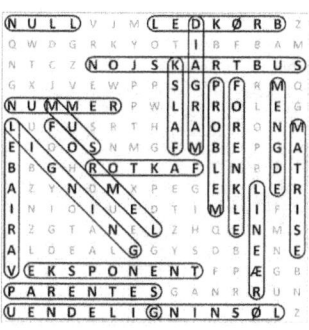

13 - Plantas

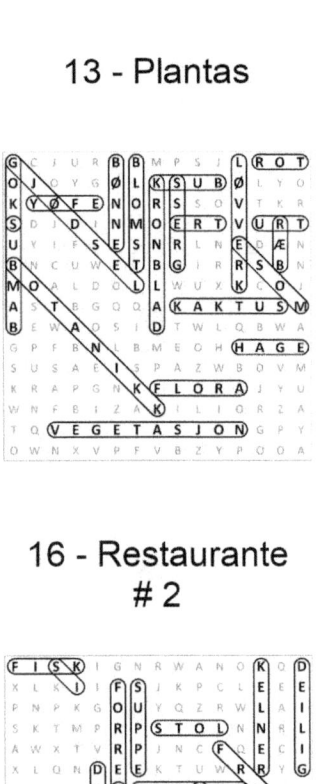

14 - Veículos

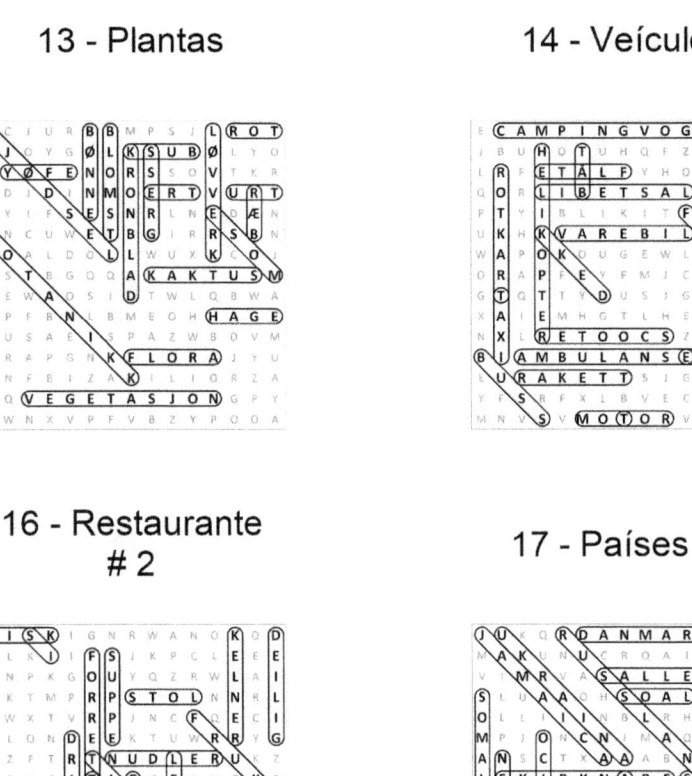

15 - Engenharia

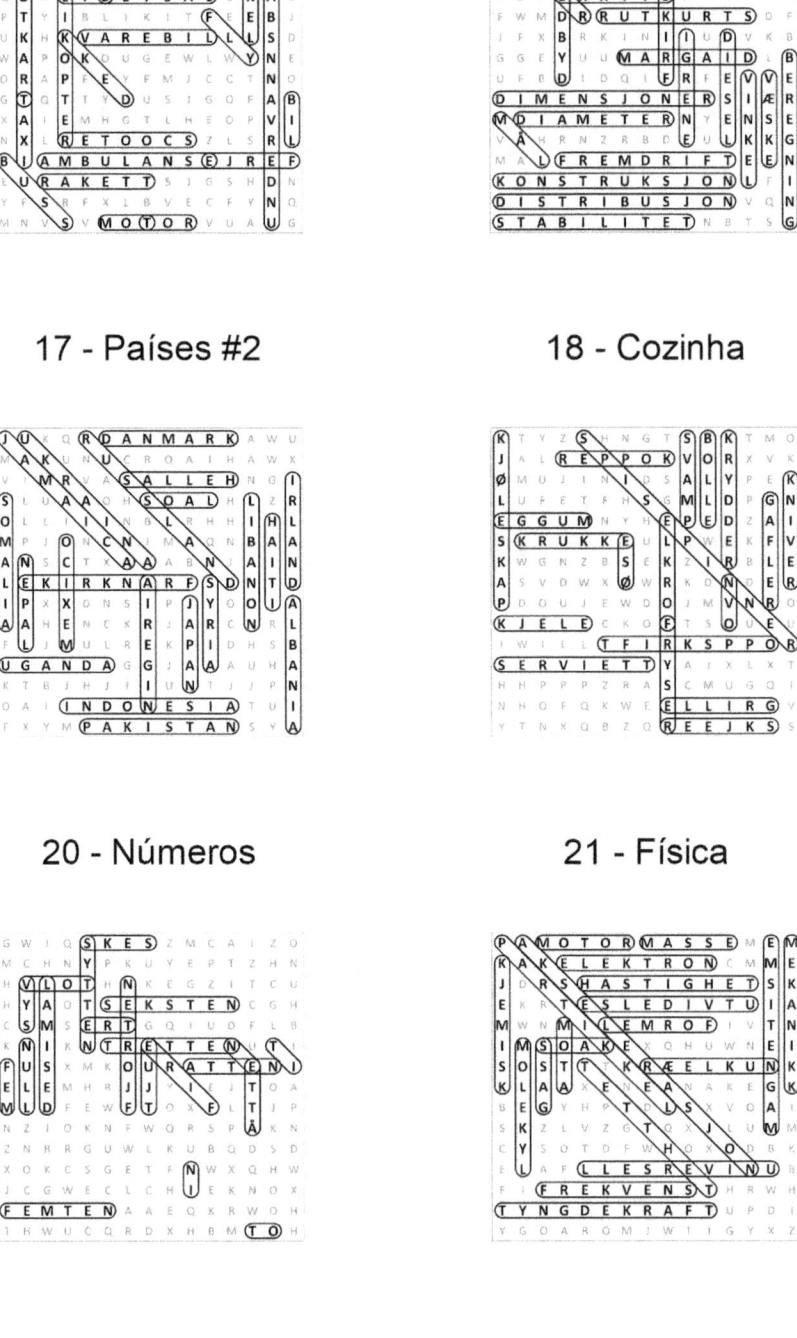

16 - Restaurante # 2

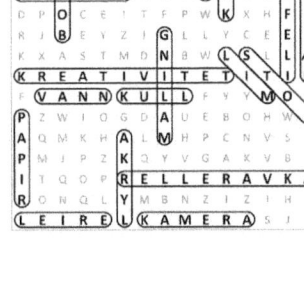

17 - Países #2

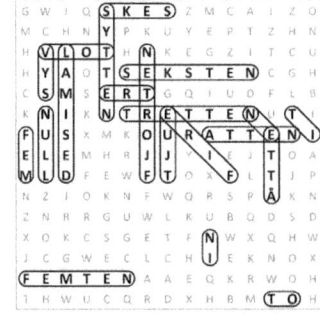

18 - Cozinha

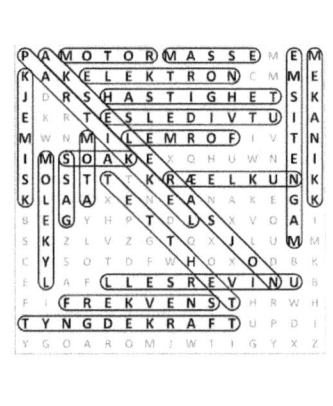

19 - Material de Arte

20 - Números

21 - Física

22 - Especiarias

23 - Países #1

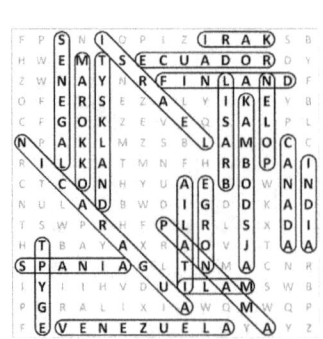

24 - A Mídia

25 - Casa

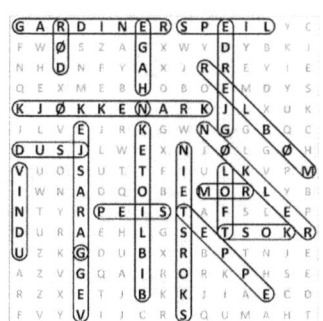

26 - Vegetais

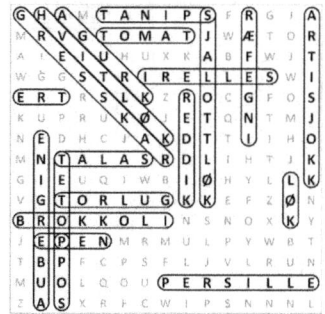

27 - Balé

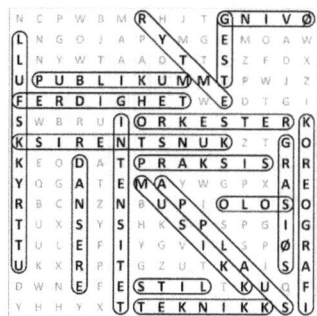

28 - Adjetivos #1

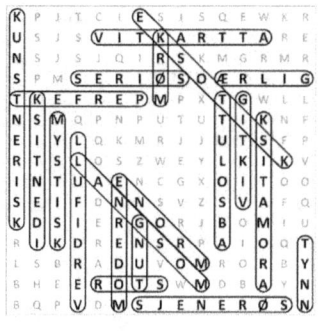

29 - Psicologia

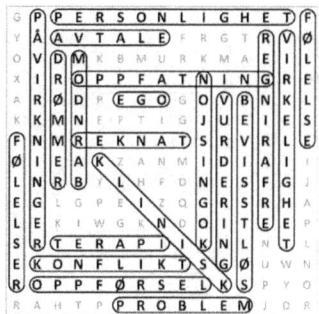

30 - Paisagens

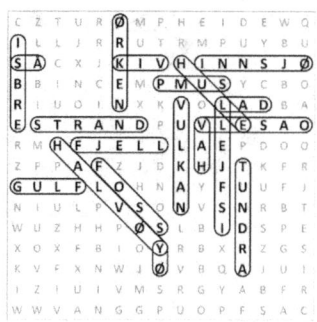

31 - Dança

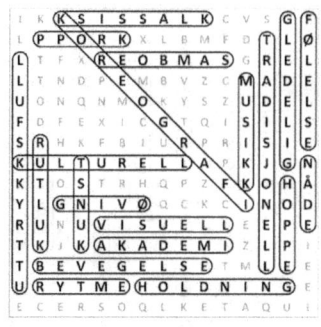

32 - Nutrição

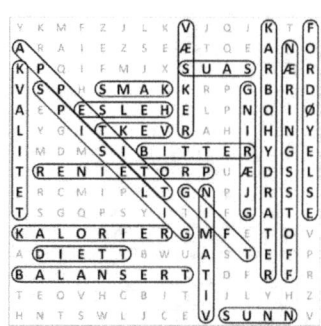

33 - Energia

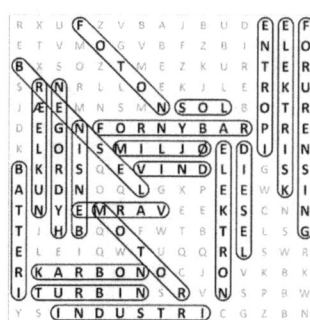

34 - Disciplinas Científicas

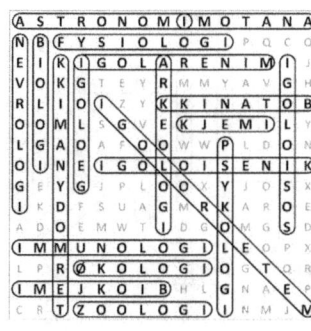

35 - Meditação

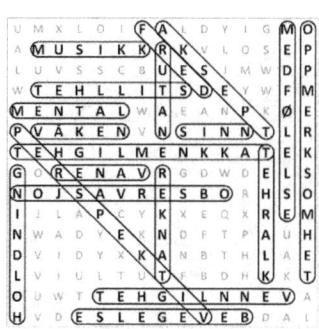

36 - Artes Visuais

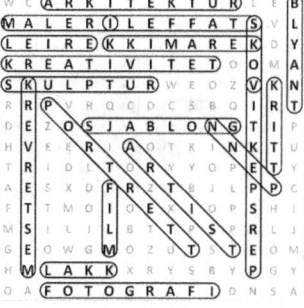

37 - Moda

38 - Instrumentos Musicais

39 - Adjetivos #2

40 - Roupas

41 - Herbalismo

42 - Arqueologia

43 - Esporte

44 - Agronomia

45 - Frutas

46 - Corpo Humano

47 - Caminhada

48 - Biologia

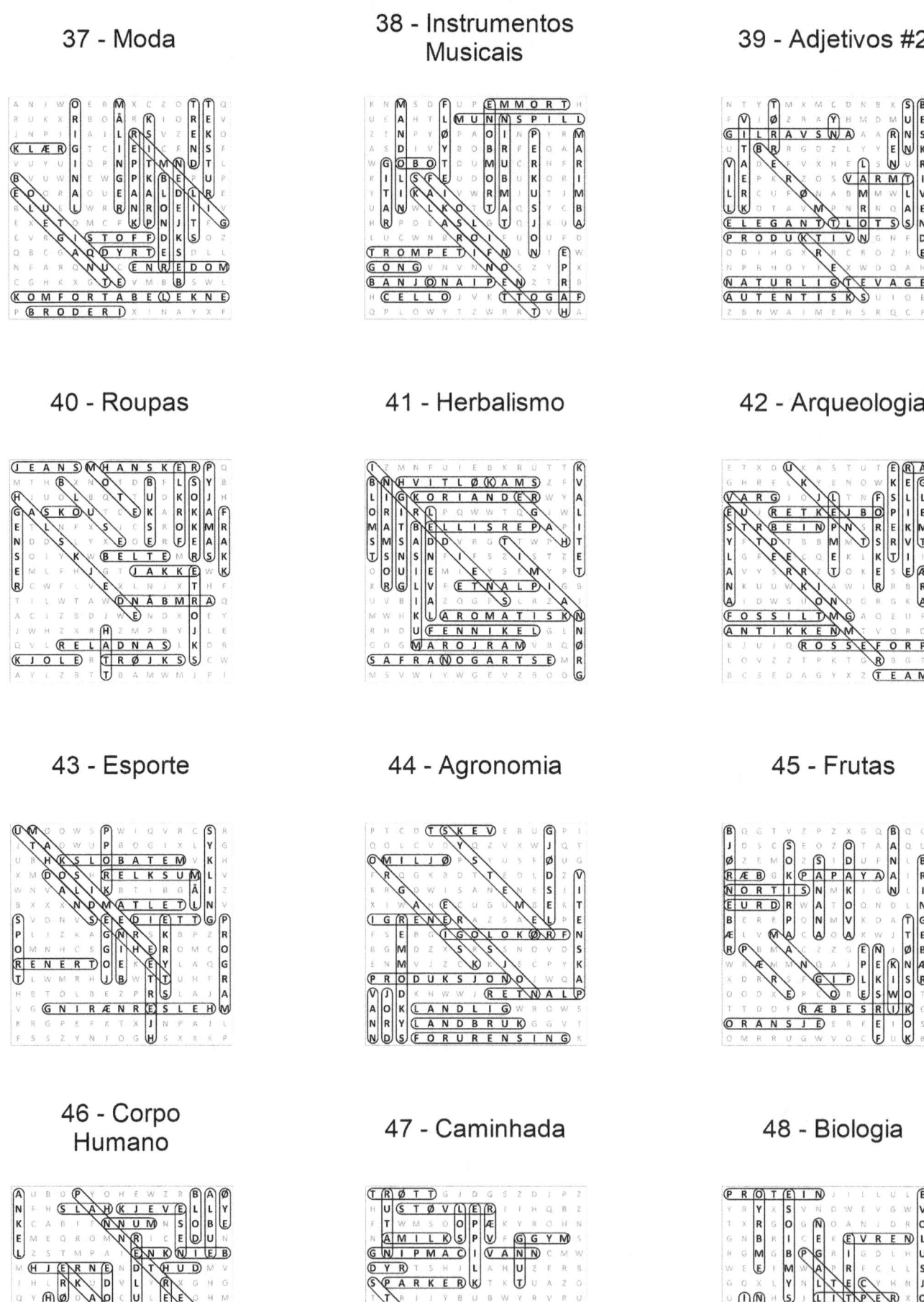

49 - Beleza

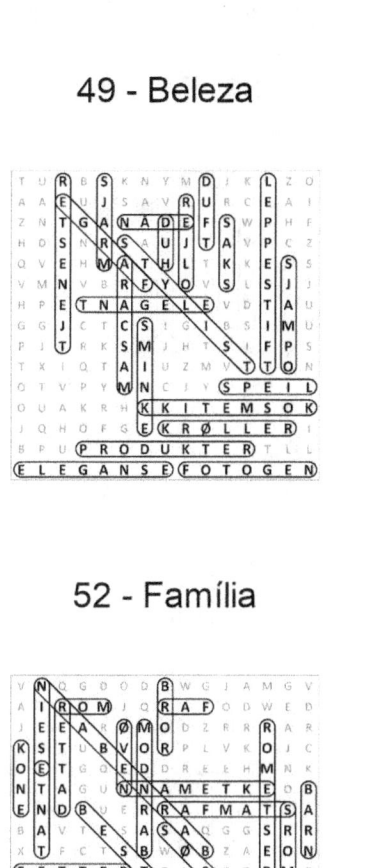

50 - Filantropia

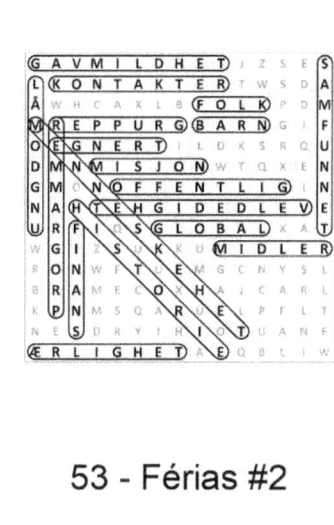

51 - Ecologia

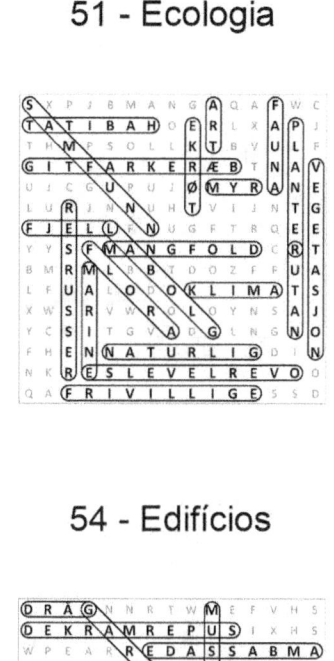

52 - Família

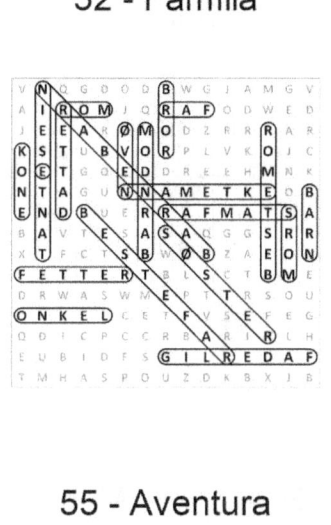

53 - Férias #2

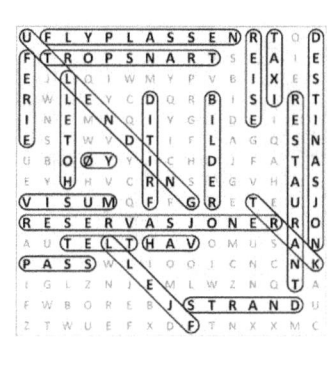

54 - Edifícios

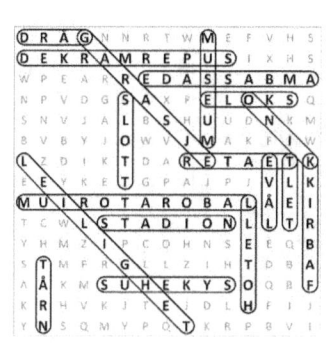

55 - Aventura

56 - Floresta Tropical

57 - Cidade

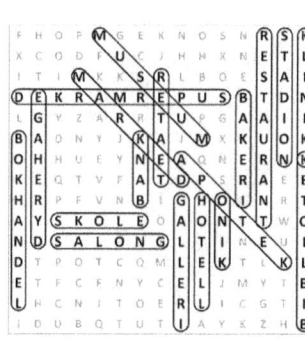

58 - Música

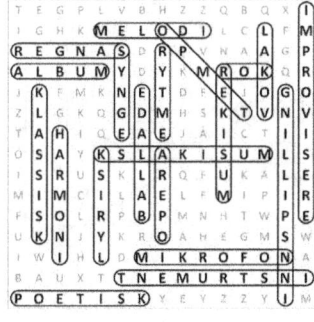

59 - Matemática

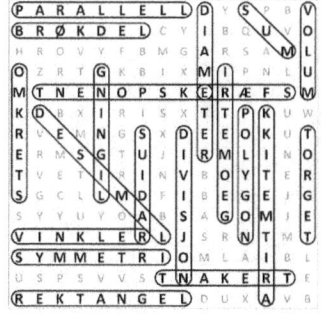

60 - Saúde e Bem Estar #1

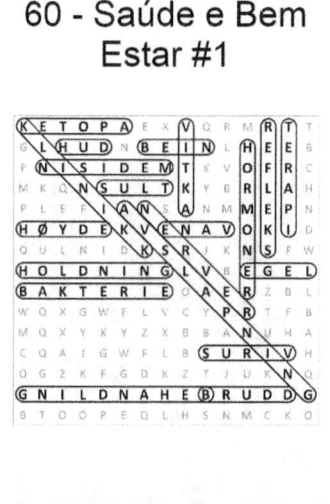

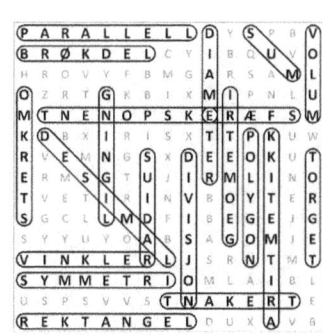

61 - Natureza

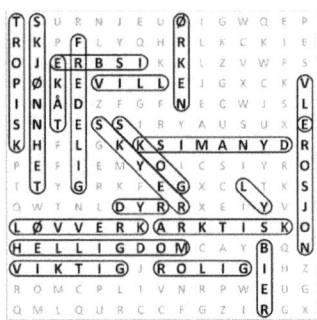

62 - A Empresa

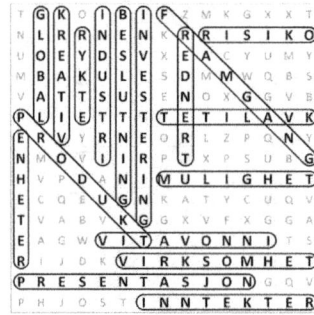

63 - Doença

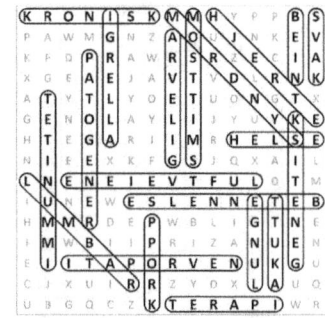

64 - Aquecimento Global

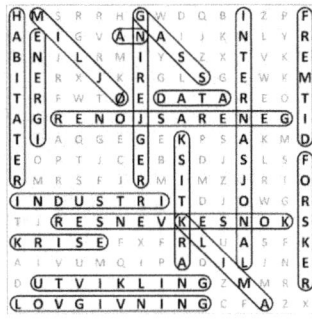

65 - Aviões

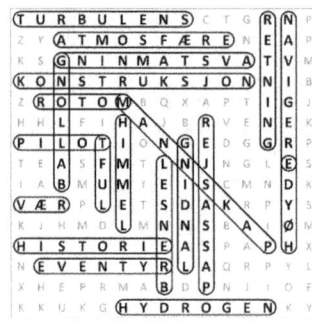

66 - Tipos de Cabelo

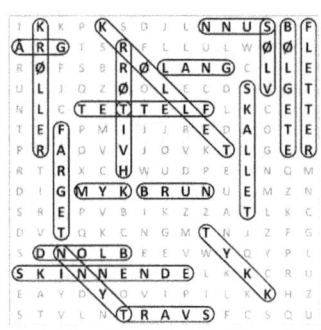

67 - Formas

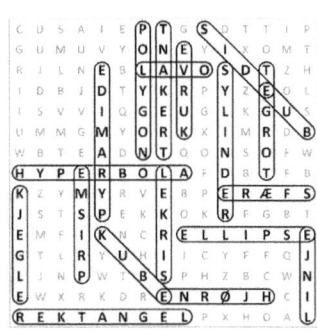

68 - Criatividade

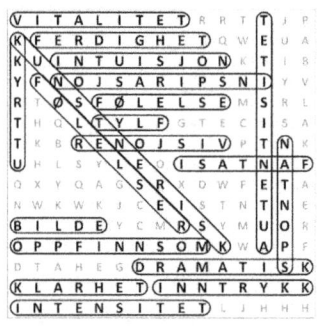

69 - Dias e Meses

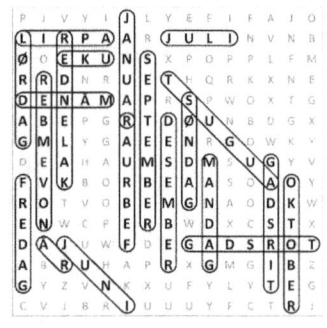

70 - Saúde e Bem Estar #2

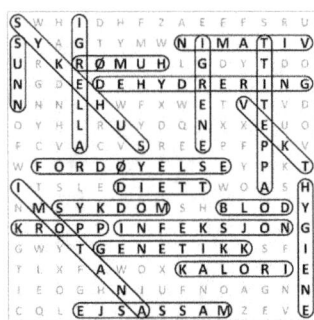

71 - Geografia

72 - Antártica

73 - Flores

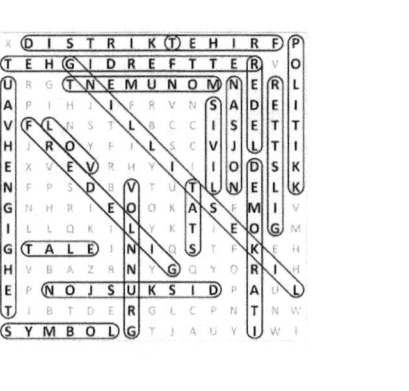

74 - Fazenda #1

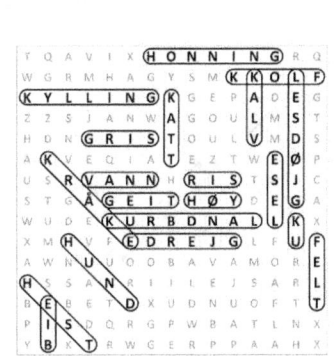

75 - Livros

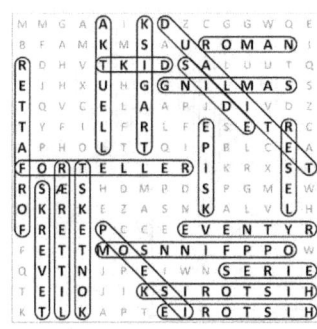

76 - Governo

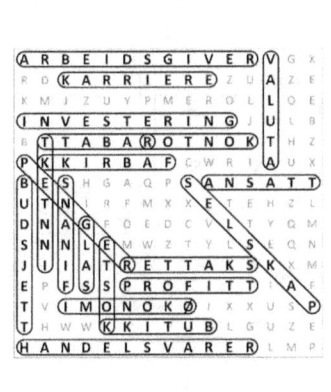

77 - Jardinagem

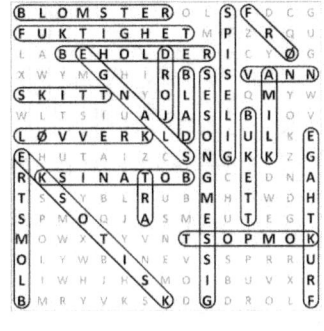

78 - Profissões #2

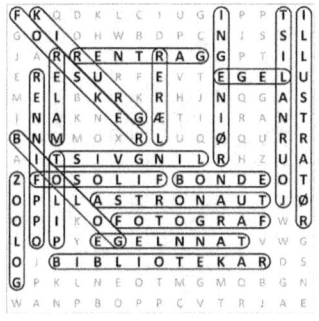

79 - Negócios

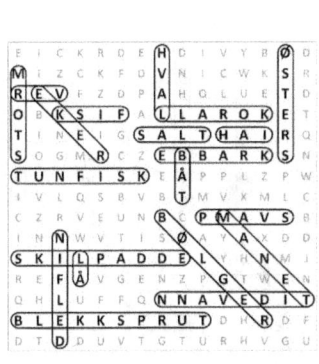

80 - Fazenda #2

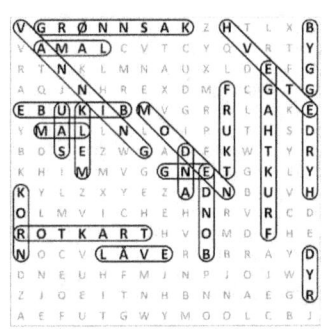

81 - Jardim

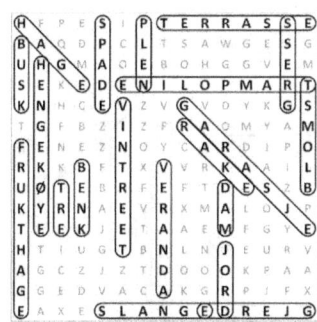

82 - Oceano

83 - Profissões #1

84 - Força e Gravidade

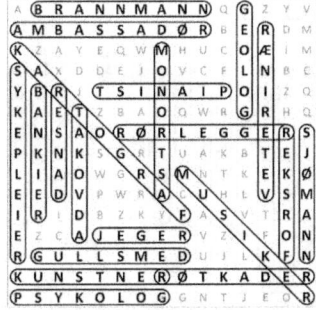

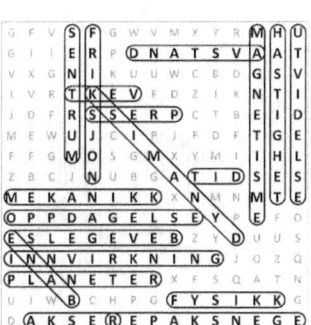

85 - Abelhas

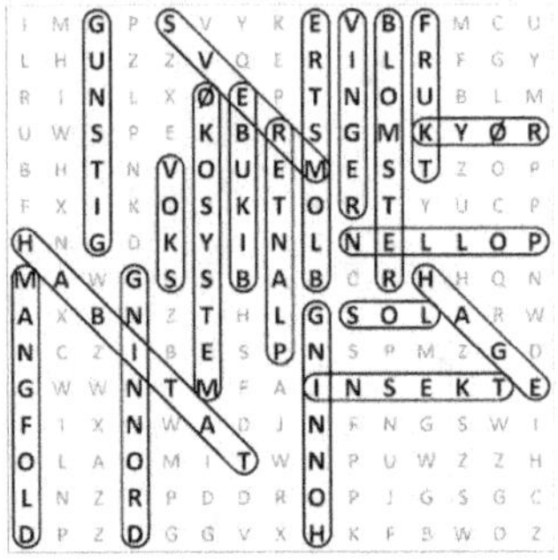

86 - Ciência

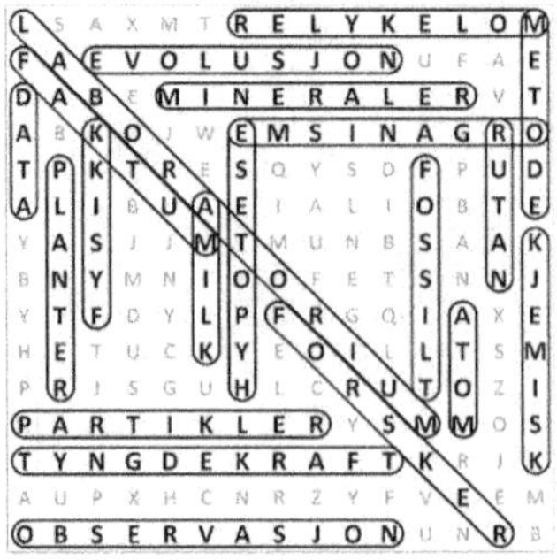

87 - Comida #1

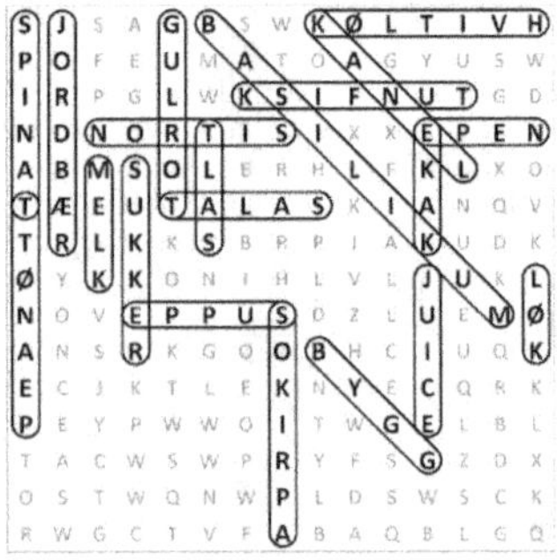

88 - Geometria

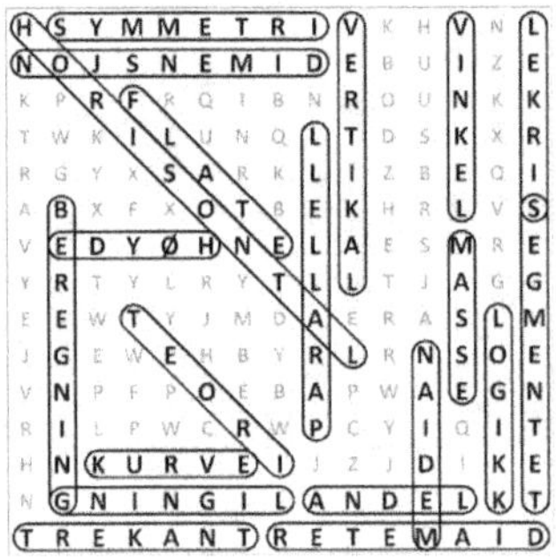

89 - Pássaros

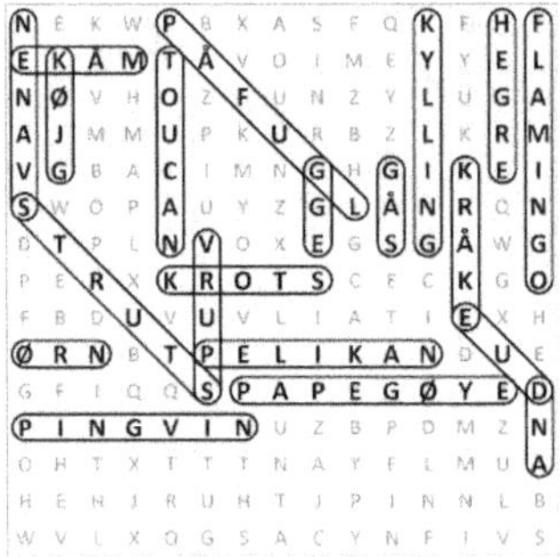

90 - Literatura

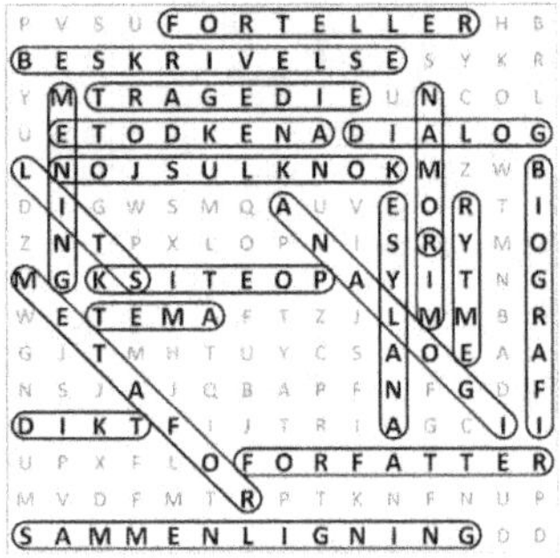

91 - Química

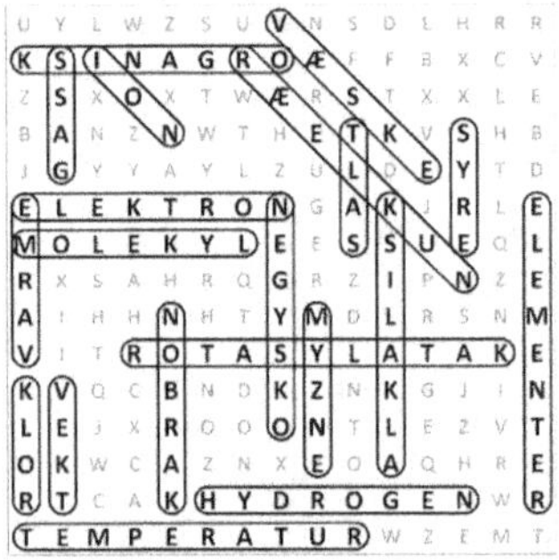

92 - Clima

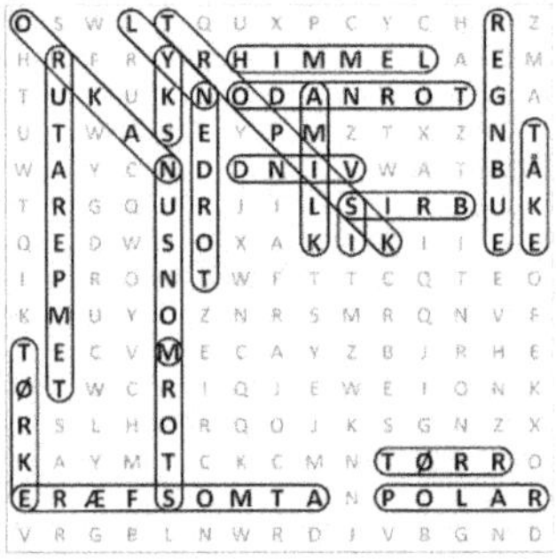

93 - Tecnologia

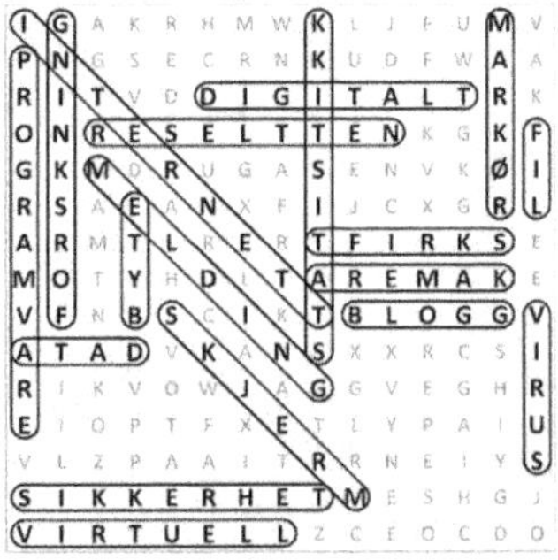

94 - Arte

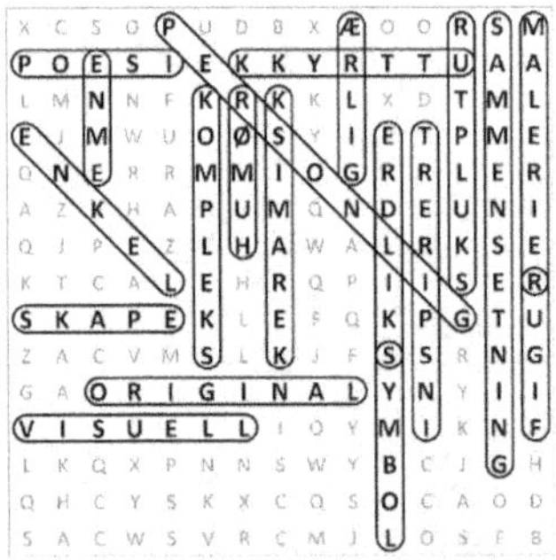

95 - Diplomacia

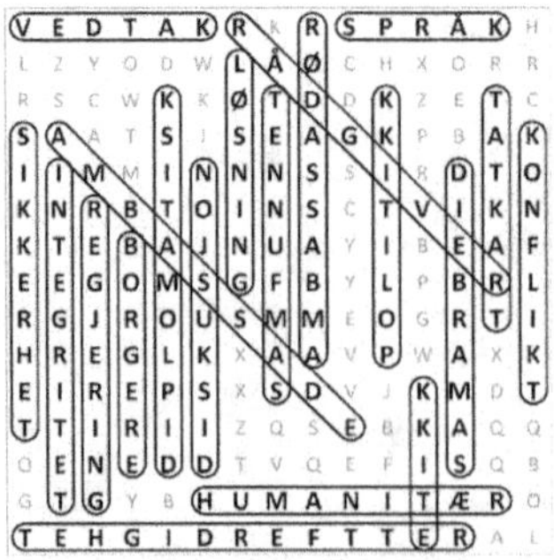

96 - Comida # 2

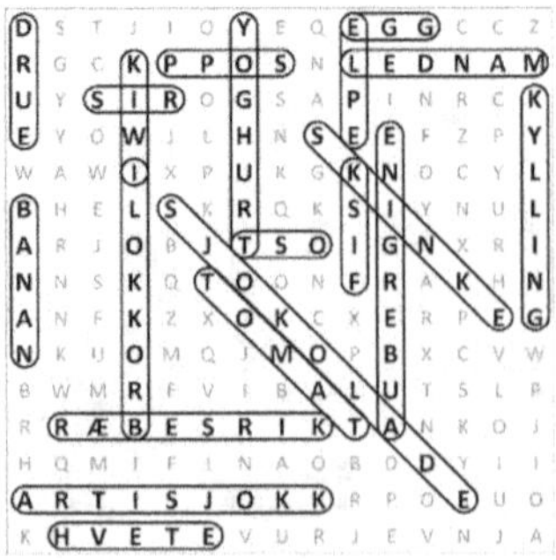

97 - Universo

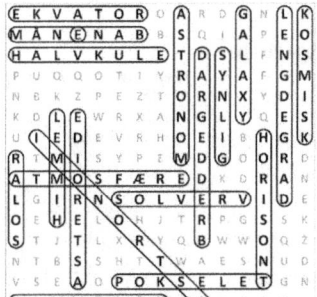

98 - Jazz

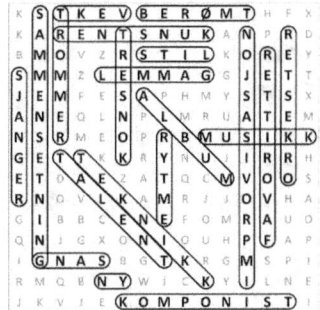

99 - Barcos

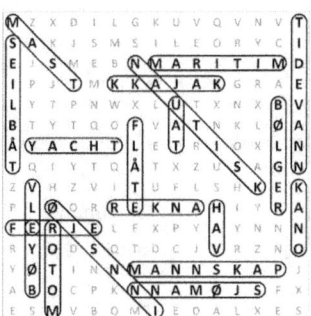

100 - Mamíferos

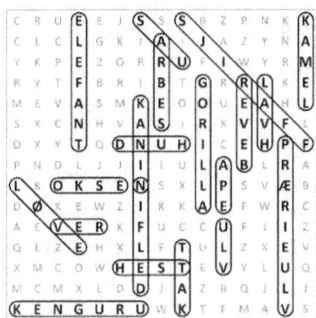

Dicionário

A Empresa
Selskapet

Apresentação	Presentasjon
Criativo	Kreativ
Decisão	Beslutning
Emprego	Sysselsetting
Global	Global
Indústria	Industri
Inovador	Innovativ
Investimento	Investering
Negócio	Virksomhet
Possibilidade	Mulighet
Produto	Produkt
Profissional	Profesjonell
Progresso	Framgang
Qualidade	Kvalitet
Receita	Inntekter
Recursos	Ressurser
Reputação	Rykte
Riscos	Risiko
Tendências	Trender
Unidades	Enheter

A Mídia
Mediene

Atitudes	Holdninger
Comercial	Kommersiell
Comunicação	Kommunikasjon
Digital	Digitalt
Edição	Utgave
Educação	Utdanning
Fatos	Fakta
Financiamento	Finansiering
Fotos	Bilder
Individual	Individ
Indústria	Industri
Intelectual	Intellektuell
Jornais	Aviser
Local	Lokal
Online	Online
Opinião	Mening
Público	Offentlig
Rádio	Radio
Rede	Nettverk
Televisão	Tv

Abelhas
Bier

Asas	Vinger
Benéfico	Gunstig
Cera	Voks
Colmeia	Bikube
Diversidade	Mangfold
Ecossistema	Økosystem
Enxame	Sverm
Flor	Blomstre
Flores	Blomster
Fruta	Frukt
Fumaça	Røyk
Habitat	Habitat
Inseto	Insekt
Jardim	Hage
Mel	Honning
Plantas	Planter
Pólen	Pollen
Rainha	Dronning
Sol	Sol

Acampamento
Camping

Animais	Dyr
Aventura	Eventyr
Árvores	Trær
Bússola	Kompass
Cabine	Hytte
Caça	Jakt
Canoa	Kano
Chapéu	Hatt
Corda	Tau
Equipamento	Utstyr
Floresta	Skog
Fogo	Brann
Inseto	Insekt
Lago	Innsjø
Lua	Måne
Maca	Hengekøye
Mapa	Kart
Montanha	Fjell
Natureza	Natur
Tenda	Telt

Adjetivos #1
Adjektiver #1

Absoluto	Absolutt
Aromático	Aromatisk
Artístico	Kunstnerisk
Atraente	Attraktiv
Enorme	Enorm
Escuro	Mørk
Exótico	Eksotisk
Fino	Tynn
Generoso	Sjenerøs
Grande	Stor
Honesto	Ærlig
Idêntico	Identisk
Importante	Viktig
Lento	Langsom
Misterioso	Mystisk
Moderno	Moderne
Perfeito	Perfekt
Pesado	Tung
Sério	Seriøs
Valioso	Verdifull

Adjetivos #2
Adjektiver #2

Autêntico	Autentisk
Criativo	Kreativ
Descritivo	Beskrivende
Dotado	Begavet
Elegante	Elegant
Famoso	Berømt
Forte	Sterk
Interessante	Interessant
Natural	Naturlig
Normal	Normal
Novo	Ny
Orgulhoso	Stolt
Produtivo	Produktiv
Puro	Ren
Quente	Varmt
Responsável	Ansvarlig
Salgado	Salt
Saudável	Sunn
Seco	Tørr
Selvagem	Vill

Agronomia
Agronomi

Agricultura	Landbruk
Ambiente	Miljø
Água	Vann
Ciência	Vitenskap
Crescimento	Vekst
Doenças	Sykdommer
Ecologia	Økologi
Energia	Energi
Erosão	Erosjon
Fertilizante	Gjødsel
Legumes	Grønnsaker
Orgânico	Organisk
Plantas	Planter
Poluição	Forurensing
Produção	Produksjon
Rural	Landlig
Sementes	Frø
Sistemas	Systemer
Solo	Jord
Sustentável	Bærekraftig

Antártica
Antarktis

Ambiente	Miljø
Água	Vann
Baía	Bukt
Científico	Vitenskapelig
Conservação	Bevaring
Continente	Kontinent
Enseada	Vik
Expedição	Ekspedisjon
Geleiras	Isbreer
Gelo	Is
Geografia	Geografi
Ilhas	Øyer
Investigador	Forsker
Migração	Migrasjon
Minerais	Mineraler
Península	Halvøy
Pinguins	Pingviner
Rochoso	Steinete
Temperatura	Temperatur
Topografia	Topografi

Antiguidades
Antikviteter

Arte	Kunst
Autêntico	Autentisk
Coletor	Samler
Decorativo	Dekorativ
Elegante	Elegant
Entusiasta	Entusiast
Escultura	Skulptur
Estilo	Stil
Galeria	Galleri
Incomum	Uvanlig
Investimento	Investering
Leilão	Auksjon
Mobiliário	Møbler
Moedas	Mynter
Preço	Pris
Qualidade	Kvalitet
Restauração	Restaurering
Século	Århundre
Valor	Verdi
Velho	Gammel

Aquecimento Global
Global Oppvarming

Agora	Nå
Ambiental	Miljø
Atenção	Oppmerksomhet
Ártico	Arktisk
Cientista	Forsker
Clima	Klima
Consequências	Konsekvenser
Crise	Krise
Dados	Data
Desenvolvimento	Utvikling
Energia	Energi
Futuro	Fremtid
Gás	Gass
Gerações	Generasjoner
Governo	Regjering
Habitats	Habitater
Indústria	Industri
Internacional	Internasjonal
Legislação	Lovgivning
Temperaturas	Temperaturer

Arqueologia
Arkeologi

Análise	Analyse
Anos	År
Antiguidade	Antikken
Avaliação	Vurdering
Civilização	Sivilisasjon
Descendente	Etterkommer
Desconhecido	Ukjent
Equipe	Team
Era	Æra
Especialista	Ekspert
Esquecido	Glemt
Fóssil	Fossilt
Investigador	Forsker
Mistério	Mysterium
Objetos	Objekter
Ossos	Bein
Professor	Professor
Relíquia	Relikvie
Templo	Tempel
Túmulo	Grav

Arte
Kunst

Cerâmica	Keramisk
Complexo	Kompleks
Composição	Sammensetning
Criar	Skape
Escultura	Skulptur
Expressão	Uttrykk
Figura	Figur
Honesto	Ærlig
Humor	Humør
Inspirado	Inspirert
Original	Original
Pessoal	Personlig
Pinturas	Malerier
Poesia	Poesi
Retratar	Skildre
Simples	Enkel
Símbolo	Symbol
Sujeito	Emne
Surrealismo	Surrealisme
Visual	Visuell

Artes Visuais
Bildende Kunst

Argila	Leire
Arquitetura	Arkitektur
Artista	Artist
Caneta	Penn
Cavalete	Staffeli
Cera	Voks
Cerâmica	Keramikk
Composição	Sammensetning
Criatividade	Kreativitet
Escultura	Skulptur
Estêncil	Sjablong
Filme	Film
Fotografia	Fotografi
Giz	Kritt
Lápis	Blyant
Obra-Prima	Mesterverk
Perspectiva	Perspektiv
Pintura	Maleri
Retrato	Portrett
Verniz	Lakk

Astronomia
Astronomi

Asteróide	Asteroide
Astronauta	Astronaut
Astrônomo	Astronom
Céu	Himmel
Constelação	Konstellasjon
Cosmos	Kosmos
Eclipse	Formørkelse
Equinócio	Equinox
Foguete	Rakett
Gravidade	Tyngdekraft
Lua	Måne
Meteoro	Meteor
Nebulosa	Stjernetåke
Observatório	Observatorium
Planeta	Planet
Radiação	Stråling
Solar	Solar
Supernova	Supernova
Terra	Jord
Universo	Univers

Aventura
Eventyr

Alegria	Glede
Amigos	Venner
Atividade	Aktivitet
Beleza	Skjønnhet
Chance	Sjanse
Desafios	Utfordringer
Destino	Destinasjon
Dificuldade	Vanskelighet
Entusiasmo	Entusiasme
Excursão	Utflukt
Incomum	Uvanlig
Itinerário	Reiserute
Natureza	Natur
Navegação	Navigasjon
Novo	Ny
Oportunidade	Mulighet
Perigoso	Farlig
Preparação	Forberedelse
Segurança	Sikkerhet
Surpreendente	Overraskende

Aviões
Fly

Altura	Høyde
Ar	Luft
Aterrissagem	Landing
Atmosfera	Atmosfære
Aventura	Eventyr
Balão	Ballong
Céu	Himmel
Combustível	Brensel
Construção	Konstruksjon
Descida	Avstamning
Direção	Retning
Hidrogênio	Hydrogen
História	Historie
Motor	Motor
Navegar	Navigere
Passageiro	Passasjer
Piloto	Pilot
Tempo	Vær
Tripulação	Mannskap
Turbulência	Turbulens

Álgebra
Algebra

Diagrama	Diagram
Equação	Ligning
Expoente	Eksponent
Falso	Falsk
Fator	Faktor
Fórmula	Formel
Fração	Brøkdel
Infinito	Uendelig
Linear	Lineær
Matriz	Matrise
Número	Nummer
Parêntese	Parentes
Problema	Problem
Quantidade	Mengde
Simplificar	Forenkle
Solução	Løsning
Soma	Sum
Subtração	Subtraksjon
Variável	Variabel
Zero	Null

Balé
Ballett

Aplauso	Applaus
Artístico	Kunstnerisk
Bailarina	Ballerina
Compositor	Komponist
Coreografia	Koreografi
Dançarinos	Dansere
Ensaio	Øving
Estilo	Stil
Expressivo	Uttrykksfull
Gesto	Gest
Gracioso	Grasiøs
Habilidade	Ferdighet
Intensidade	Intensitet
Música	Musikk
Orquestra	Orkester
Prática	Praksis
Público	Publikum
Ritmo	Rytme
Solo	Solo
Técnica	Teknikk

Barcos
Båter

Âncora	Anker
Balsa	Ferje
Bóia	Bøye
Caiaque	Kajakk
Canoa	Kano
Corda	Tau
Iate	Yacht
Jangada	Flåte
Lago	Innsjø
Mar	Hav
Maré	Tidevann
Marinheiro	Sjømann
Marítimo	Maritim
Mastro	Mast
Motor	Motor
Náutico	Nautisk
Ondas	Bølger
Rio	Elv
Tripulação	Mannskap
Veleiro	Seilbåt

Beleza
Skjønnhet

Batom	Leppestift
Cachos	Krøller
Charme	Sjarm
Cor	Farge
Cosméticos	Kosmetikk
Elegante	Elegant
Elegância	Eleganse
Espelho	Speil
Estilista	Stylist
Fotogênico	Fotogen
Fragrância	Duft
Graça	Nåde
Maquiagem	Sminke
Óleos	Oljer
Pele	Hud
Produtos	Produkter
Rímel	Mascara
Serviços	Tjenester
Tesoura	Saks
Xampu	Sjampo

Biologia
Biologi

Anatomia	Anatomi
Bactérias	Bakterie
Célula	Celle
Colagénio	Kollagen
Cromossoma	Kromosom
Embrião	Embryo
Enzima	Enzym
Evolução	Evolusjon
Fotossíntese	Fotosyntese
Hormona	Hormon
Mamífero	Pattedyr
Mutação	Mutasjon
Natural	Naturlig
Nervo	Nerve
Neurônio	Nevron
Osmose	Osmose
Proteína	Protein
Réptil	Reptil
Simbiose	Symbiose
Sinapse	Synapse

Caminhada
Vandring

Acampamento	Camping
Animais	Dyr
Água	Vann
Botas	Støvler
Cansado	Trøtt
Clima	Klima
Mapa	Kart
Montanha	Fjell
Mosquitos	Mygg
Natureza	Natur
Orientação	Orientering
Parques	Parker
Pedras	Steiner
Penhasco	Klippe
Perigos	Farer
Pesado	Tung
Preparação	Forberedelse
Selvagem	Vill
Sol	Sol
Tempo	Vær

Casa
Hus

Biblioteca	Bibliotek
Cerca	Gjerde
Chaminé	Skorstein
Chaves	Nøkler
Chuveiro	Dusj
Cortinas	Gardiner
Cozinha	Kjøkken
Espelho	Speil
Garagem	Garasje
Janela	Vindu
Jardim	Hage
Lareira	Peis
Mobiliário	Møbler
Parede	Vegg
Porta	Dør
Quarto	Rom
Sótão	Loft
Tapete	Teppe
Torneira	Kran
Vassoura	Kost

Churrascos
Grilling

Almoço	Lunsj
Convite	Invitasjon
Crianças	Barn
Facas	Kniver
Família	Familie
Fome	Sult
Frango	Kylling
Fruta	Frukt
Grelha	Grille
Jantar	Middag
Jogos	Spill
Legumes	Grønnsaker
Molho	Saus
Música	Musikk
Pimenta	Pepper
Quente	Varmt
Sal	Salt
Saladas	Salater
Tomates	Tomater
Verão	Sommer

Cidade
Byen

Aeroporto	Flyplassen
Banco	Bank
Biblioteca	Bibliotek
Cinema	Kino
Clínica	Klinikk
Escola	Skole
Estádio	Stadion
Farmácia	Apotek
Galeria	Galleri
Hotel	Hotell
Jardim Zoológico	Dyrehage
Livraria	Bokhandel
Mercado	Marked
Museu	Museum
Padaria	Bakeri
Restaurante	Restaurant
Salão	Salong
Supermercado	Supermarked
Teatro	Teater
Universidade	Universitet

Ciência
Vitenskap

Átomo	Atom
Cientista	Forsker
Clima	Klima
Dados	Data
Evolução	Evolusjon
Fato	Faktum
Física	Fysikk
Fóssil	Fossilt
Gravidade	Tyngdekraft
Hipótese	Hypotese
Laboratório	Laboratorium
Método	Metode
Minerais	Mineraler
Moléculas	Molekyler
Natureza	Natur
Observação	Observasjon
Organismo	Organisme
Partículas	Partikler
Plantas	Planter
Químico	Kjemisk

Clima
Været

Arco-Íris	Regnbue
Atmosfera	Atmosfære
Brisa	Bris
Céu	Himmel
Clima	Klima
Furacão	Orkan
Gelo	Is
Monção	Monsun
Nevoeiro	Tåke
Nuvem	Sky
Polar	Polar
Relâmpago	Lyn
Seca	Tørke
Seco	Tørr
Temperatura	Temperatur
Tempestade	Storm
Tornado	Tornado
Tropical	Tropisk
Trovão	Torden
Vento	Vind

Comida # 2
Mat #2

Alcachofra	Artisjokk
Amêndoa	Mandel
Arroz	Ris
Banana	Banan
Beringela	Aubergine
Brócolis	Brokkoli
Cereja	Kirsebær
Chocolate	Sjokolade
Cogumelo	Sopp
Frango	Kylling
Iogurte	Yoghurt
Kiwi	Kiwi
Maçã	Eple
Ovo	Egg
Peixe	Fisk
Presunto	Skinke
Queijo	Ost
Tomate	Tomat
Trigo	Hvete
Uva	Drue

Comida #1
Mat #1

Açúcar	Sukker
Alho	Hvitløk
Amendoim	Peanøtt
Atum	Tunfisk
Bolo	Kake
Canela	Kanel
Cebola	Løk
Cenoura	Gulrot
Cevada	Bygg
Damasco	Aprikos
Espinafre	Spinat
Leite	Melk
Limão	Sitron
Manjericão	Basilikum
Morango	Jordbær
Nabo	Nepe
Sal	Salt
Salada	Salat
Sopa	Suppe
Suco	Juice

Corpo Humano
Menneskekroppen

Boca	Munn
Cabeça	Hode
Cérebro	Hjerne
Coração	Hjerte
Cotovelo	Albue
Dedo	Finger
Joelho	Kne
Mandíbula	Kjeve
Mão	Hånd
Nariz	Nese
Olho	Øye
Ombro	Skulder
Orelha	Øre
Pele	Hud
Perna	Bein
Pescoço	Hals
Queixo	Hake
Sangue	Blod
Testa	Panne
Tornozelo	Ankel

Cozinha
Kjøkken

Avental	Forkle
Chaleira	Kjele
Colheres	Skjeer
Concha	Øse
Cups	Kopper
Especiarias	Krydder
Esponja	Svamp
Facas	Kniver
Forno	Ovn
Freezer	Fryser
Garfos	Gafler
Geladeira	Kjøleskap
Grelha	Grille
Guardanapo	Serviett
Jar	Krukke
Jarro	Mugge
Pauzinhos	Spisepinner
Receita	Oppskrift
Tigela	Bolle

Criatividade
Kreativitet

Artístico	Kunstnerisk
Autenticidade	Autentisitet
Clareza	Klarhet
Dramático	Dramatisk
Emoções	Følelser
Espontânea	Spontan
Expressão	Uttrykk
Fluidez	Flyt
Habilidade	Ferdighet
Imagem	Bilde
Imaginação	Fantasi
Impressão	Inntrykk
Inspiração	Inspirasjon
Intensidade	Intensitet
Intuição	Intuisjon
Inventivo	Oppfinnsom
Sensação	Følelse
Visões	Visjoner
Vitalidade	Vitalitet

Dança
Danse

Academia	Akademi
Alegre	Gledelig
Arte	Kunst
Clássico	Klassisk
Coreografia	Koreografi
Corpo	Kropp
Cultura	Kultur
Cultural	Kulturell
Emoção	Følelse
Ensaio	Øving
Expressivo	Uttrykksfull
Graça	Nåde
Movimento	Bevegelse
Música	Musikk
Parceiro	Samboer
Postura	Holdning
Ritmo	Rytme
Saltar	Hoppe
Tradicional	Tradisjonell
Visual	Visuell

Dias e Meses
Dager og Måneder

Abril	April
Agosto	August
Ano	År
Calendário	Kalender
Dezembro	Desember
Domingo	Søndag
Fevereiro	Februar
Janeiro	Januar
Julho	Juli
Junho	Juni
Mês	Måned
Novembro	November
Outubro	Oktober
Quinta-Feira	Torsdag
Sábado	Lørdag
Segunda-Feira	Mandag
Semana	Uke
Setembro	September
Sexta-Feira	Fredag
Terça	Tirsdag

Diplomacia
Diplomati

Cidadãos	Borgere
Comunidade	Samfunnet
Conflito	Konflikt
Consultor	Rådgiver
Cooperação	Samarbeid
Diplomático	Diplomatisk
Discussão	Diskusjon
Embaixada	Ambassade
Embaixador	Ambassadør
Ética	Etikk
Governo	Regjering
Humanitário	Humanitær
Integridade	Integritet
Justiça	Rettferdighet
Línguas	Språk
Política	Politikk
Resolução	Vedtak
Segurança	Sikkerhet
Solução	Løsning
Tratado	Traktat

Dirigindo
Kjøring

Acidente	Ulykke
Carro	Bil
Combustível	Brensel
Cuidado	Forsiktighet
Estrada	Vei
Freios	Bremser
Garagem	Garasje
Gás	Gass
Licença	Lisens
Mapa	Kart
Motocicleta	Motorsykkel
Motor	Motor
Pedestre	Fotgjenger
Perigo	Fare
Polícia	Politi
Rua	Gate
Segurança	Sikkerhet
Transporte	Transport
Tráfego	Trafikk
Túnel	Tunnel

Disciplinas Científicas
Vitenskapelige Disipliner

Anatomia	Anatomi
Arqueologia	Arkeologi
Astronomia	Astronomi
Biologia	Biologi
Bioquímica	Biokjemi
Botânica	Botanikk
Cinesiologia	Kinesiologi
Ecologia	Økologi
Fisiologia	Fysiologi
Geologia	Geologi
Imunologia	Immunologi
Linguística	Lingvistikk
Meteorologia	Meteorologi
Mineralogia	Mineralogi
Neurologia	Nevrologi
Psicologia	Psykologi
Química	Kjemi
Sociologia	Sosiologi
Termodinâmica	Termodynamikk
Zoologia	Zoologi

Doença
Sykdom

Agudo	Akutt
Alergias	Allergi
Contagioso	Smittsom
Coração	Hjerte
Corpo	Kropp
Crônica	Kronisk
Fraco	Svak
Genético	Genetisk
Hereditário	Arvelig
Imunidade	Immunitet
Inflamação	Betennelse
Lombar	Lumbar
Neuropatia	Nevropati
Ossos	Bein
Patógenos	Patogener
Pulmonar	Lunge
Respiratório	Luftveiene
Saúde	Helse
Síndrome	Syndrom
Terapia	Terapi

Ecologia
Økologi

Clima	Klima
Comunidades	Samfunn
Diversidade	Mangfold
Espécies	Art
Fauna	Fauna
Flora	Flora
Global	Global
Habitat	Habitat
Marinho	Marine
Montanhas	Fjell
Natural	Naturlig
Natureza	Natur
Pântano	Myr
Plantas	Planter
Recursos	Ressurser
Seca	Tørke
Sobrevivência	Overlevelse
Sustentável	Bærekraftig
Vegetação	Vegetasjon
Voluntários	Frivillige

Edifícios
Bygningsmasse

Apartamento	Leilighet
Castelo	Slott
Celeiro	Låve
Cinema	Kino
Embaixada	Ambassade
Escola	Skole
Estádio	Stadion
Fazenda	Gård
Fábrica	Fabrikk
Garagem	Garasje
Hospital	Sykehus
Hotel	Hotell
Laboratório	Laboratorium
Museu	Museum
Observatório	Observatorium
Supermercado	Supermarked
Teatro	Teater
Tenda	Telt
Torre	Tårn
Universidade	Universitet

Energia
Energi

Ambiente	Miljø
Bateria	Batteri
Calor	Varme
Carbono	Karbon
Combustível	Brensel
Diesel	Diesel
Elétrico	Elektrisk
Elétron	Elektron
Entropia	Entropi
Fóton	Foton
Gasolina	Bensin
Hidrogênio	Hydrogen
Indústria	Industri
Motor	Motor
Nuclear	Nukleær
Poluição	Forurensing
Renovável	Fornybar
Sol	Sol
Turbina	Turbin
Vento	Vind

Engenharia
Teknisk

Atrito	Friksjon
Ângulo	Vinkel
Cálculo	Beregning
Construção	Konstruksjon
Diagrama	Diagram
Diâmetro	Diameter
Diesel	Diesel
Dimensões	Dimensjoner
Distribuição	Distribusjon
Eixo	Akser
Energia	Energi
Estabilidade	Stabilitet
Estrutura	Struktur
Força	Styrke
Líquido	Væske
Máquina	Maskin
Medição	Mål
Motor	Motor
Profundidade	Dybde
Propulsão	Fremdrift

Especiarias
Krydder

Açafrão	Safran
Alcaçuz	Lakris
Alho	Hvitløk
Amargo	Bitter
Anis	Anis
Azedo	Sur
Baunilha	Vanilje
Canela	Kanel
Cardamomo	Kardemomme
Caril	Karri
Cebola	Løk
Coentro	Koriander
Cominho	Spisskummen
Doce	Søt
Funcho	Fennikel
Gengibre	Ingefær
Noz-Moscada	Muskat
Pimenta	Pepper
Sabor	Smak
Sal	Salt

Esporte
Sport

Atleta	Atlet
Cardiovascular	Hjerte
Ciclismo	Sykling
Corpo	Kropp
Dançando	Dans
Dieta	Diett
Esportes	Sport
Força	Styrke
Jogging	Jogge
Maximizar	Maksimere
Metabólico	Metabolsk
Músculos	Muskler
Nutrição	Ernæring
Objetivo	Mål
Ossos	Bein
Programa	Program
Resistência	Utholdenhet
Saúde	Helse
Treinador	Trener

Família
Familien

Antepassado	Stamfar
Avó	Bestemor
Avô	Bestefar
Criança	Barn
Esposa	Kone
Filha	Datter
Infância	Barndom
Irmã	Søster
Irmão	Bror
Marido	Ektemann
Materno	Mors
Mãe	Mor
Neto	Barnebarn
Pai	Far
Paterno	Faderlig
Primo	Fetter
Sobrinha	Niese
Sobrinho	Nevø
Tia	Tante
Tio	Onkel

Fazenda #1
Gården #1

Abelha	Bie
Agricultura	Landbruk
Arroz	Ris
Água	Vann
Bezerro	Kalv
Burro	Esel
Cabra	Geit
Campo	Felt
Cavalo	Hest
Cão	Hund
Cerca	Gjerde
Corvo	Kråke
Feno	Høy
Fertilizante	Gjødsel
Frango	Kylling
Gato	Katt
Mel	Honning
Porco	Gris
Rebanho	Flokk
Vaca	Ku

Fazenda #2
Gården #2

Agricultor	Bonde
Animais	Dyr
Celeiro	Låve
Cevada	Bygg
Colmeia	Bikube
Cordeiro	Lam
Fruta	Frukt
Irrigação	Vanning
Leite	Melk
Lhama	Lama
Maduro	Moden
Milho	Korn
Ovelha	Sau
Pastor	Hyrde
Pato	And
Pomar	Frukthage
Prado	Eng
Trator	Traktor
Trigo	Hvete
Vegetal	Grønnsak

Férias #2
Ferie # 2

Aeroporto	Flyplassen
Destino	Destinasjon
Estrangeiro	Utlending
Feriado	Ferie
Fotos	Bilder
Hotel	Hotell
Ilha	Øy
Lazer	Fritid
Mapa	Kart
Mar	Hav
Montanhas	Fjell
Passaporte	Pass
Praia	Strand
Reservas	Reservasjoner
Restaurante	Restaurant
Táxi	Taxi
Tenda	Telt
Transporte	Transport
Viagem	Reise
Visto	Visum

Ficção Científica
Science Fiction

Atómico	Atom
Cinema	Kino
Distante	Fjern
Distopia	Dystopi
Explosão	Eksplosjon
Extremo	Ekstrem
Fantástico	Fantastisk
Fogo	Brann
Futurista	Futuristisk
Galáxia	Galaxy
Ilusão	Illusjon
Imaginário	Innbilt
Livros	Bøker
Misterioso	Mystisk
Mundo	Verden
Oráculo	Orakel
Planeta	Planet
Robôs	Roboter
Tecnologia	Teknologi
Utopia	Utopi

Filantropia
Filantropi

Caridade	Veldedighet
Comunidade	Samfunnet
Contatos	Kontakter
Crianças	Barn
Desafios	Utfordringer
Finança	Finans
Fundos	Midler
Generosidade	Gavmildhet
Global	Global
Grupos	Grupper
História	Historie
Honestidade	Ærlighet
Humanidade	Menneskehet
Juventude	Ungdom
Missão	Misjon
Necessidade	Trenge
Objetivos	Mål
Pessoas	Folk
Programas	Programmer
Público	Offentlig

Física
Fysikk

Aceleração	Akselerasjon
Átomo	Atom
Caos	Kaos
Densidade	Tetthet
Elétron	Elektron
Expansão	Utvidelse
Fórmula	Formel
Frequência	Frekvens
Gás	Gass
Gravidade	Tyngdekraft
Magnetismo	Magnetisme
Massa	Masse
Mecânica	Mekanikk
Molécula	Molekyl
Motor	Motor
Nuclear	Nukleær
Partícula	Partikkel
Químico	Kjemisk
Universal	Universell
Velocidade	Hastighet

Flores
Blomster

Buquê	Bukett
Dente-De-Leão	Løvetann
Gardênia	Gardenia
Girassol	Solsikke
Hibisco	Hibiskus
Jasmim	Sjasmin
Lavanda	Lavendel
Lilás	Lilla
Lírio	Lilje
Magnólia	Magnolia
Margarida	Tusenfryd
Narciso	Påskelilje
Orquídea	Orkidé
Papoula	Valmue
Peônia	Peon
Pétala	Kronblad
Plumeria	Plumeria
Rosa	Rose
Trevo	Kløver
Tulipa	Tulipan

Floresta Tropical
Regnskogen

Anfíbios	Amfibier
Botânico	Botanisk
Clima	Klima
Comunidade	Samfunnet
Diversidade	Mangfold
Espécies	Art
Indígena	Urfolk
Insetos	Insekter
Mamíferos	Pattedyr
Musgo	Mose
Natureza	Natur
Nuvens	Skyer
Pássaros	Fugler
Preservação	Bevaring
Refúgio	Tilflukt
Respeito	Respekt
Restauração	Restaurering
Selva	Jungel
Sobrevivência	Overlevelse
Valioso	Verdifull

Força e Gravidade
Kraft og Gravitasjon

Atrito	Friksjon
Centro	Sentrum
Descoberta	Oppdagelse
Dinâmico	Dynamisk
Distância	Avstand
Eixo	Akser
Expansão	Utvidelse
Física	Fysikk
Impacto	Innvirkning
Magnetismo	Magnetisme
Mecânica	Mekanikk
Movimento	Bevegelse
Órbita	Bane
Peso	Vekt
Planetas	Planeter
Pressão	Press
Propriedades	Egenskaper
Rapidez	Hastighet
Tempo	Tid
Universal	Universell

Formas
Former

Arco	Bue
Canto	Hjørne
Cilindro	Sylinder
Círculo	Sirkel
Cone	Kjegle
Cubo	Kube
Curva	Kurve
Elipse	Ellipse
Esfera	Sfære
Hipérbole	Hyperbola
Lado	Side
Linha	Linje
Oval	Oval
Pirâmide	Pyramide
Polígono	Polygon
Prisma	Prisme
Quadrado	Torget
Retângulo	Rektangel
Triângulo	Trekant

Frutas
Frukt

Abacate	Avokado
Abacaxi	Ananas
Amora	Bjørnebær
Baga	Bær
Banana	Banan
Cereja	Kirsebær
Coco	Kokosnøtt
Damasco	Aprikos
Figo	Fig
Framboesa	Bringebær
Kiwi	Kiwi
Laranja	Oransje
Limão	Sitron
Maçã	Eple
Mamão	Papaya
Manga	Mango
Nectarina	Nektarin
Pera	Pære
Pêssego	Fersken
Uva	Drue

Geografia
Geografi

Altitude	Høyde
Atlas	Atlas
Cidade	By
Continente	Kontinent
Hemisfério	Halvkule
Ilha	Øy
Latitude	Breddegrad
Longitude	Lengdegrad
Mapa	Kart
Mar	Hav
Meridiano	Meridian
Montanha	Fjell
Mundo	Verden
Norte	Nord
Oeste	Vest
País	Land
Região	Region
Rio	Elv
Sul	Sør
Território	Territorium

Geologia
Geologi

Ácido	Syre
Camada	Lag
Caverna	Hule
Cálcio	Kalsium
Continente	Kontinent
Coral	Korall
Cristais	Crystal
Erosão	Erosjon
Estalactite	Stalaktitt
Estalagmites	Stalagmitter
Fóssil	Fossilt
Lava	Lava
Minerais	Mineraler
Pedra	Stein
Platô	Platå
Quartzo	Kvarts
Sal	Salt
Terremoto	Jordskjelv
Vulcão	Vulkan
Zona	Sone

Geometria
Geometri

Altura	Høyde
Ângulo	Vinkel
Cálculo	Beregning
Círculo	Sirkel
Curva	Kurve
Diâmetro	Diameter
Dimensão	Dimensjon
Equação	Ligning
Horizontal	Horisontal
Lógica	Logikk
Massa	Masse
Mediana	Median
Paralelo	Parallell
Proporção	Andel
Segmento	Segmentet
Simetria	Symmetri
Superfície	Flate
Teoria	Teori
Triângulo	Trekant
Vertical	Vertikal

Governo
Myndighetene

Civil	Sivil
Constituição	Grunnlov
Democracia	Demokrati
Discurso	Tale
Discussão	Diskusjon
Distrito	Distrikt
Estado	Stat
Igualdade	Likestilling
Independência	Uavhengighet
Judicial	Rettslig
Justiça	Rettferdighet
Lei	Lov
Liberdade	Frihet
Líder	Leder
Monumento	Monument
Nacional	Nasjonal
Nação	Nasjon
Pacífico	Fredelig
Política	Politikk
Símbolo	Symbol

Herbalismo
Urtemedisin

Açafrão	Safran
Alecrim	Rosmarin
Alho	Hvitløk
Aromático	Aromatisk
Benéfico	Gunstig
Coentro	Koriander
Estragão	Estragon
Flor	Blomst
Funcho	Fennikel
Ingrediente	Ingrediens
Jardim	Hage
Lavanda	Lavendel
Manjericão	Basilikum
Manjerona	Marjoram
Planta	Plante
Qualidade	Kvalitet
Sabor	Smak
Salsa	Persille
Tomilho	Timian
Verde	Grønn

Instrumentos Musicais
Musikkinstrumenter

Bandolim	Mandolin
Banjo	Banjo
Clarinete	Klarinett
Fagote	Fagott
Flauta	Fløyte
Gaita	Munnspill
Gongo	Gong
Harpa	Harpe
Marimba	Marimba
Oboé	Obo
Pandeiro	Tamburin
Percussão	Perkusjon
Piano	Piano
Saxofone	Saksofon
Tambor	Tromme
Trombone	Trombone
Trompete	Trompet
Violão	Gitar
Violino	Fiolin
Violoncelo	Cello

Jardim
Hage

Ancinho	Rake
Arbusto	Busk
Árvore	Tre
Banco	Benk
Cerca	Gjerde
Flor	Blomst
Garagem	Garasje
Grama	Gress
Gramado	Plen
Jardim	Hage
Lagoa	Dam
Maca	Hengekøye
Mangueira	Slange
Pá	Spade
Pomar	Frukthage
Solo	Jord
Terraço	Terrasse
Trampolim	Trampoline
Varanda	Veranda
Videira	Vintreet

Jardinagem
Hagearbeid

Água	Vann
Botânico	Botanisk
Buquê	Bukett
Clima	Klima
Comestível	Spiselig
Composto	Kompost
Espécies	Art
Exótico	Eksotisk
Flor	Blomstre
Floral	Blomster
Folha	Blad
Folhagem	Løvverk
Mangueira	Slange
Pomar	Frukthage
Recipiente	Beholder
Sazonal	Sesongmessig
Sementes	Frø
Solo	Jord
Sujeira	Skitt
Umidade	Fuktighet

Jazz
Jazz

Artista	Kunstner
Álbum	Album
Bateria	Trommer
Canção	Sang
Composição	Sammensetning
Compositor	Komponist
Concerto	Konsert
Estilo	Stil
Ênfase	Vekt
Famoso	Berømt
Favoritos	Favoritter
Gênero	Sjanger
Improvisação	Improvisasjon
Música	Musikk
Novo	Ny
Orquestra	Orkester
Ritmo	Rytme
Talento	Talent
Técnica	Teknikk
Velho	Gammel

Literatura
Litteratur

Analogia	Analogi
Análise	Analyse
Anedota	Anekdote
Autor	Forfatter
Biografia	Biografi
Comparação	Sammenligning
Conclusão	Konklusjon
Descrição	Beskrivelse
Diálogo	Dialog
Estilo	Stil
Metáfora	Metafor
Narrador	Forteller
Opinião	Mening
Poema	Dikt
Poético	Poetisk
Rima	Rim
Ritmo	Rytme
Romance	Roman
Tema	Tema
Tragédia	Tragedie

Livros
Reserve

Autor	Forfatter
Aventura	Eventyr
Coleção	Samling
Contexto	Kontekst
Dualidade	Dualitet
Escrito	Skrevet
Épico	Episk
História	Historie
Histórico	Historisk
Inventivo	Oppfinnsom
Leitor	Leser
Literário	Litterær
Narrador	Forteller
Página	Side
Poema	Dikt
Poesia	Poesi
Relevante	Aktuell
Romance	Roman
Série	Serie
Trágico	Tragisk

Mamíferos
Pattedyr

Baleia	Hval
Camelo	Kamel
Canguru	Kenguru
Castor	Bever
Cavalo	Hest
Cão	Hund
Coelho	Kanin
Coiote	Prærieulv
Elefante	Elefant
Gato	Katt
Girafa	Sjiraff
Golfinho	Delfin
Gorila	Gorilla
Leão	Løve
Lobo	Ulv
Macaco	Ape
Ovelha	Sau
Raposa	Rev
Touro	Okse
Zebra	Sebra

Matemática
Matematikk

Aritmética	Aritmetikk
Ângulos	Vinkler
Circunferência	Omkrets
Decimal	Desimal
Diâmetro	Diameter
Divisão	Divisjon
Equação	Ligning
Esfera	Sfære
Expoente	Eksponent
Fração	Brøkdel
Geometria	Geometri
Paralelo	Parallell
Polígono	Polygon
Quadrado	Torget
Raio	Radius
Retângulo	Rektangel
Simetria	Symmetri
Soma	Sum
Triângulo	Trekant
Volume	Volum

Material de Arte
Kunst Forsyninger

Acrílico	Akryl
Apagador	Viskelær
Aquarelas	Akvareller
Argila	Leire
Água	Vann
Cadeira	Stol
Carvão	Kull
Cavalete	Staffeli
Câmera	Kamera
Cola	Lim
Cores	Farger
Criatividade	Kreativitet
Escovas	Børster
Lápis	Blyanter
Mesa	Bord
Óleo	Olje
Papel	Papir
Tinta	Blekk
Tintas	Maling

Medições
Målinger

Altura	Høyde
Byte	Byte
Centímetro	Centimeter
Comprimento	Lengde
Decimal	Desimal
Grama	Gram
Grau	Grad
Largura	Bredde
Litro	Liter
Massa	Masse
Metro	Meter
Minuto	Minutt
Onça	Unse
Peso	Vekt
Polegada	Tomme
Profundidade	Dybde
Quilograma	Kilo
Quilômetro	Kilometer
Tonelada	Tonn
Volume	Volum

Meditação
Meditasjon

Aceitação	Aksept
Acordado	Våken
Atenção	Oppmerksomhet
Bondade	Vennlighet
Clareza	Klarhet
Compaixão	Medfølelse
Emoções	Følelser
Gratidão	Takknemlighet
Hábitos	Vaner
Mental	Mental
Mente	Sinn
Movimento	Bevegelse
Música	Musikk
Natureza	Natur
Observação	Observasjon
Paz	Fred
Pensamentos	Tanker
Perspectiva	Perspektiv
Postura	Holdning
Silêncio	Stillhet

Mitologia
Mytologi

Arquétipo	Arketype
Ciúmes	Sjalusi
Comportamento	Oppførsel
Criação	Skapelse
Criatura	Skapning
Cultura	Kultur
Desastre	Katastrofe
Força	Styrke
Guerreiro	Kriger
Heroína	Heltinne
Herói	Helt
Imortalidade	Udødelighet
Labirinto	Labyrint
Lenda	Legende
Mágico	Magisk
Monstro	Monster
Mortal	Dødelig
Relâmpago	Lyn
Trovão	Torden
Vingança	Hevn

Moda
Mote

Acessível	Rimelig
Bordado	Broderi
Botões	Knapper
Boutique	Boutique
Caro	Dyrt
Confortável	Komfortabel
Elegante	Elegant
Estilo	Stil
Medidas	Målinger
Minimalista	Minimalistisk
Moderno	Moderne
Modesto	Beskjeden
Original	Original
Prático	Praktisk
Renda	Blonder
Roupa	Klær
Simples	Enkel
Tecido	Stoff
Tendência	Trend
Textura	Tekstur

Música
Musikk

Álbum	Album
Balada	Ballade
Cantar	Synge
Cantor	Sanger
Clássico	Klassisk
Coro	Kor
Gravação	Innspilling
Harmonia	Harmoni
Improvisar	Improvisere
Instrumento	Instrument
Lírico	Lyrisk
Melodia	Melodi
Microfone	Mikrofon
Musical	Musikalsk
Músico	Musiker
Ópera	Opera
Poético	Poetisk
Ritmo	Rytme
Tempo	Tempo
Vocal	Vokal

Natureza
Naturen

Abelhas	Bier
Abrigo	Ly
Animais	Dyr
Ártico	Arktisk
Beleza	Skjønnhet
Deserto	Ørken
Dinâmico	Dynamisk
Erosão	Erosjon
Floresta	Skog
Folhagem	Løvverk
Geleira	Isbre
Nevoeiro	Tåke
Nuvens	Skyer
Pacífico	Fredelig
Rio	Elv
Santuário	Helligdom
Selvagem	Vill
Sereno	Rolig
Tropical	Tropisk
Vital	Viktig

Negócios
Forretninger

Carreira	Karriere
Custo	Koste
Desconto	Rabatt
Dinheiro	Penger
Economia	Økonomi
Empregado	Ansatt
Empregador	Arbeidsgiver
Empresa	Selskap
Escritório	Kontor
Fábrica	Fabrikk
Finança	Finans
Impostos	Skatter
Investimento	Investering
Loja	Butikk
Lucro	Profitt
Mercadoria	Handelsvarer
Moeda	Valuta
Orçamento	Budsjett
Rendimento	Inntekt
Venda	Salg

Nutrição
Ernæring

Amargo	Bitter
Apetite	Appetitt
Calorias	Kalorier
Carboidratos	Karbohydrater
Comestível	Spiselig
Dieta	Diett
Digestão	Fordøyelse
Equilibrado	Balansert
Fermentação	Gjæring
Líquidos	Væsker
Molho	Saus
Nutriente	Næringsstoff
Peso	Vekt
Proteínas	Proteiner
Qualidade	Kvalitet
Sabor	Smak
Saudável	Sunn
Saúde	Helse
Toxina	Gift
Vitamina	Vitamin

Números
Antall

Cinco	Fem
Decimal	Desimal
Dez	Ti
Dezesseis	Seksten
Dezessete	Sytten
Dezoito	Atten
Dois	To
Doze	Tolv
Nove	Ni
Oito	Åtte
Quatorze	Fjorten
Quatro	Fire
Quinze	Femten
Seis	Seks
Sete	Syv
Treze	Tretten
Três	Tre
Um	En
Vinte	Tjue
Zero	Null

Oceano
Havet

Atum	Tunfisk
Baleia	Hval
Barco	Båt
Camarão	Reke
Caranguejo	Krabbe
Coral	Korall
Enguia	Ål
Esponja	Svamp
Golfinho	Delfin
Marés	Tidevann
Medusa	Manet
Ondas	Bølger
Ostra	Østers
Peixe	Fisk
Polvo	Blekksprut
Recife	Rev
Sal	Salt
Tartaruga	Skilpadde
Tempestade	Storm
Tubarão	Hai

Paisagens
Landskap

Cascata	Foss
Caverna	Hule
Colina	Ås
Deserto	Ørken
Enseada	Vik
Geleira	Isbre
Golfo	Gulf
Iceberg	Isfjell
Ilha	Øy
Lago	Innsjø
Mar	Hav
Montanha	Fjell
Oásis	Oase
Pântano	Sump
Península	Halvøy
Praia	Strand
Rio	Elv
Tundra	Tundra
Vale	Dal
Vulcão	Vulkan

Países #1
Land #1

Alemanha	Tyskland
Brasil	Brasil
Camboja	Kambodsja
Canadá	Canada
Egito	Egypt
Equador	Ecuador
Espanha	Spania
Finlândia	Finland
Iraque	Irak
Israel	Israel
Itália	Italia
Índia	India
Mali	Mali
Marrocos	Marokko
Nicarágua	Nicaragua
Noruega	Norge
Panamá	Panama
Polônia	Polen
Senegal	Senegal
Venezuela	Venezuela

Países #2
Land #2

Albânia	Albania
Dinamarca	Danmark
França	Frankrike
Grécia	Hellas
Haiti	Haiti
Indonésia	Indonesia
Irlanda	Irland
Jamaica	Jamaica
Japão	Japan
Laos	Laos
Líbano	Libanon
México	Mexico
Nepal	Nepal
Nigéria	Nigeria
Paquistão	Pakistan
Rússia	Russland
Síria	Syria
Somália	Somalia
Ucrânia	Ukraina
Uganda	Uganda

Pássaros
Fugler

Avestruz	Struts
Águia	Ørn
Cegonha	Stork
Cisne	Svanen
Corvo	Kråke
Cuco	Gjøk
Flamingo	Flamingo
Frango	Kylling
Gaivota	Måke
Ganso	Gås
Garça	Hegre
Ovo	Egg
Papagaio	Papegøye
Pardal	Spurv
Pato	And
Pavão	Påfugl
Pelicano	Pelikan
Pinguim	Pingvin
Pombo	Due
Tucano	Toucan

Pesca
Fiske

Água	Vann
Barbatanas	Finnene
Barco	Båt
Brânquias	Gjeller
Cesta	Kurv
Cozinhar	Kokk
Equipamento	Utstyr
Exagero	Overdrivelse
Fio	Ledning
Gancho	Krok
Isca	Agn
Lago	Innsjø
Mandíbula	Kjeve
Oceano	Hav
Paciência	Tålmodighet
Peso	Vekt
Praia	Strand
Rio	Elv
Temporada	Årstid

Plantas
Planter

Arbusto	Busk
Árvore	Tre
Baga	Bær
Bambu	Bambus
Botânica	Botanikk
Cacto	Kaktus
Erva	Urt
Feijão	Bønne
Fertilizante	Gjødsel
Flor	Blomst
Flora	Flora
Floresta	Skog
Folhagem	Løvverk
Grama	Gress
Hera	Eføy
Jardim	Hage
Musgo	Mose
Pétala	Kronblad
Raiz	Rot
Vegetação	Vegetasjon

Profissões #1
Yrker # 1

Advogado	Advokat
Artista	Kunstner
Astrônomo	Astronom
Banqueiro	Bankier
Bombeiro	Brannmann
Caçador	Jeger
Cartógrafo	Kartograf
Cientista	Forsker
Dançarino	Danser
Editor	Redaktør
Embaixador	Ambassadør
Encanador	Rørlegger
Enfermeira	Sykepleier
Geólogo	Geolog
Joalheiro	Gullsmed
Marinheiro	Sjømann
Músico	Musiker
Pianista	Pianist
Psicólogo	Psykolog
Veterinário	Veterinær

Profissões #2
Yrker # 2

Agricultor	Bonde
Astronauta	Astronaut
Bibliotecário	Bibliotekar
Biólogo	Biolog
Cirurgião	Kirurg
Dentista	Tannlege
Engenheiro	Ingeniør
Filósofo	Filosof
Fotógrafo	Fotograf
Ilustrador	Illustratør
Inventor	Oppfinner
Investigador	Forsker
Jardineiro	Gartner
Jornalista	Journalist
Linguista	Lingvist
Médico	Lege
Piloto	Pilot
Pintor	Maler
Professor	Lærer
Zoólogo	Zoolog

Psicologia
Psykologi

Avaliação	Vurdering
Clínico	Klinisk
Cognição	Kognisjon
Comportamento	Oppførsel
Compromisso	Avtale
Conflito	Konflikt
Ego	Ego
Emoções	Følelser
Experiências	Erfaringer
Inconsciente	Bevisstløs
Infância	Barndom
Influências	Påvirkninger
Pensamentos	Tanker
Percepção	Oppfatning
Personalidade	Personlighet
Problema	Problem
Realidade	Virkelighet
Sensação	Følelse
Sonhos	Drømmer
Terapia	Terapi

Química
Kjemi

Alcalino	Alkalisk
Ácido	Syre
Calor	Varme
Carbono	Karbon
Catalisador	Katalysator
Cloro	Klor
Elementos	Elementer
Elétron	Elektron
Enzima	Enzym
Gás	Gass
Hidrogênio	Hydrogen
Íon	Ion
Líquido	Væske
Molécula	Molekyl
Nuclear	Nukleær
Orgânico	Organisk
Oxigénio	Oksygen
Peso	Vekt
Sal	Salt
Temperatura	Temperatur

Restaurante # 2
Restaurant # 2

Almoço	Lunsj
Aperitivo	Forrett
Água	Vann
Bebida	Drikk
Bolo	Kake
Cadeira	Stol
Colher	Skje
Delicioso	Deilig
Especiarias	Krydder
Fruta	Frukt
Garçom	Kelner
Garfo	Gaffel
Gelo	Is
Jantar	Middag
Legumes	Grønnsaker
Macarrão	Nudler
Peixe	Fisk
Sal	Salt
Salada	Salat
Sopa	Suppe

Roupas
Klær

Avental	Forkle
Blusa	Bluse
Calça	Bukse
Camisa	Skjorte
Casaco	Frakk
Chapéu	Hatt
Cinto	Belte
Colar	Halskjede
Jaqueta	Jakke
Jeans	Jeans
Luvas	Hansker
Meias	Sokker
Moda	Mote
Pijama	Pyjamas
Pulseira	Armbånd
Saia	Skjørt
Sandálias	Sandaler
Sapato	Sko
Suéter	Genser
Vestido	Kjole

Saúde e Bem-Estar #1
Helse og Velvære #1

Altura	Høyde
Ativo	Aktiv
Bactérias	Bakterie
Clínica	Klinikk
Doutor	Lege
Farmácia	Apotek
Fome	Sult
Fratura	Brudd
Hábito	Vane
Hormones	Hormoner
Medicina	Medisin
Nervos	Nerver
Ossos	Bein
Pele	Hud
Postura	Holdning
Reflexo	Refleks
Relaxamento	Avslapning
Terapia	Terapi
Tratamento	Behandling
Vírus	Virus

Saúde e Bem-Estar #2
Helse og Velvære #2

Alergia	Allergi
Anatomia	Anatomi
Apetite	Appetitt
Caloria	Kalori
Corpo	Kropp
Desidratação	Dehydrering
Dieta	Diett
Digestão	Fordøyelse
Doença	Sykdom
Energia	Energi
Genética	Genetikk
Higiene	Hygiene
Hospital	Sykehus
Humor	Humør
Infecção	Infeksjon
Massagem	Massasje
Peso	Vekt
Sangue	Blod
Saudável	Sunn
Vitamina	Vitamin

Tecnologia
Teknologi

Arquivo	Fil
Blog	Blogg
Bytes	Byte
Câmera	Kamera
Computador	Datamaskin
Cursor	Markør
Dados	Data
Digital	Digitalt
Estatísticas	Statistikk
Fonte	Skrift
Internet	Internett
Mensagem	Melding
Navegador	Nettleser
Pesquisa	Forskning
Segurança	Sikkerhet
Software	Programvare
Tela	Skjerm
Virtual	Virtuell
Vírus	Virus

Tempo
Tid

Agora	Nå
Ano	År
Antes	Før
Anual	Årlig
Calendário	Kalender
Década	Tiår
Dia	Dag
Futuro	Fremtid
Hoje	I Dag
Hora	Time
Manhã	Morgen
Meio-Dia	Middagstid
Mês	Måned
Minuto	Minutt
Momento	Øyeblikk
Noite	Natt
Ontem	I Går
Relógio	Klokke
Semana	Uke
Século	Århundre

Tipos de Cabelo
Hårtyper

Branco	Hvit
Brilhante	Skinnende
Cachos	Krøller
Careca	Skallet
Cinza	Grå
Colori	Farget
Encaracolado	Krøllet
Fino	Tynn
Grosso	Tykk
Loiro	Blond
Longo	Lang
Marrom	Brun
Ondulado	Bølgete
Prata	Sølv
Preto	Svart
Saudável	Sunn
Seco	Tørr
Suave	Myk
Trançado	Flettet
Tranças	Fletter

Universo
Universet

Asteróide	Asteroide
Astronomia	Astronomi
Astrônomo	Astronom
Atmosfera	Atmosfære
Celestial	Himmelsk
Céu	Himmel
Cósmico	Kosmisk
Equador	Ekvator
Galáxia	Galaxy
Hemisfério	Halvkule
Horizonte	Horisont
Latitude	Breddegrad
Longitude	Lengdegrad
Lua	Måne
Órbita	Bane
Solar	Solar
Solstício	Solverv
Telescópio	Teleskop
Visível	Synlig
Zodíaco	Dyrekretsen

Vegetais
Grønnsaker

Abóbora	Gresskar
Aipo	Selleri
Alcachofra	Artisjokk
Alho	Hvitløk
Batata	Potet
Beringela	Aubergine
Brócolis	Brokkoli
Cebola	Løk
Cenoura	Gulrot
Chalota	Sjalottløk
Cogumelo	Sopp
Ervilha	Ert
Espinafre	Spinat
Gengibre	Ingefær
Nabo	Nepe
Pepino	Agurk
Rabanete	Reddik
Salada	Salat
Salsa	Persille
Tomate	Tomat

Veículos
Kjøretøy

Ambulância	Ambulanse
Avião	Fly
Balsa	Ferje
Barco	Båt
Bicicleta	Sykkel
Caminhão	Lastebil
Caravana	Campingvogn
Carro	Bil
Foguete	Rakett
Furgão	Varebil
Helicóptero	Helikopter
Jangada	Flåte
Lambreta	Scooter
Metrô	T
Motor	Motor
Ônibus	Buss
Pneus	Dekk
Submarino	Undervannsbåt
Táxi	Taxi
Trator	Traktor

Parabéns

Conseguiu!

Esperamos que tenha gostado tanto deste livro como nós gostamos de o desenhar. Esforçamo-nos por criar livros da mais alta qualidade possível.
Esta edição foi concebida para proporcionar uma aprendizagem inteligente, de qualidade e divertida!

Gostou deste livro?

Um simples pedido

Estes livros existem graças às críticas que publica.
Pode ajudar-nos, deixando agora uma revisão?

Aqui está um pequeno link para
a sua página de revisão:

BestBooksActivity.com/Avaliacoes50

DESAFIO FINAL!

Desafio n° 1

Está pronto para o seu jogo grátis? Usamo-los a toda a hora, mas não são tão fáceis de encontrar - aqui estão os **Sinônimos!**
Escreva 5 palavras que encontrou nos puzzles (n° 21, n° 36, n° 76) e tente encontrar 2 sinónimos para cada palavra.

Escreva 5 palavras de *Puzzle 21*

Palavras	Sinônimo 1	Sinônimo 2

Escreva 5 palavras de *Puzzle 36*

Palavras	Sinônimo 1	Sinônimo 2

Escreva 5 palavras de *Puzzle 76*

Palavras	Sinônimo 1	Sinônimo 2

Desafio n° 2

Agora que já aqueceu, escreva 5 palavras que encontrou nos Puzzles (n° 9, n° 17 e n° 25) e tente encontrar 2 antônimos para cada palavra. Quantos se podem encontrar em 20 minutos?

Escreva 5 palavras de **Puzzle 9**

Palavras	Antônimo 1	Antônimo 2

Escreva 5 palavras de **Puzzle 17**

Palavras	Antônimo 1	Antônimo 2

Escreva 5 palavras de **Puzzle 25**

Palavras	Antônimo 1	Antônimo 2

Desafio n° 3

Óptimo! Este desafio final não é nada para si.

Pronto para o desafio final? Escolha 10 palavras que tenha descoberto nos diferentes puzzles e escreva-as abaixo.

1.	6.
2.	7.
3.	8.
4.	9.
5.	10.

Agora escreva um texto a pensar numa pessoa, num animal ou num lugar de seu agrado.

Pode utilizar a última página deste livro como um rascunho.

A Sua Composição:

CADERNO DE NOTAS:

ATÉ BREVE!

A equipa Inteira

DESCUBRA JOGOS GRATUITOS

GO

↓

BESTACTIVITYBOOKS.COM/FREEGAMES